燈塔

絲路紀行

港澳篇

黃 天 景祥祜 楊宏通

主 編

中華書局

U0063887

港澳歷史燈塔分佈示意圖

香港

澳門

汲水門燈塔

燈籠洲燈塔

舊、新青洲燈塔

黑角頭燈塔

鶴咀燈塔

東望洋燈塔

橫瀾島燈塔

編輯團隊

主編

黃天

本名錦泉，畢業於東京政法大學。1985 年獲香港三聯書店聘為高級編輯，主編了多本大型經典畫冊。2006 年至 2012 年在香港中文大學講授中日關係史。長期研究中日關係史和海上交通史，目前還擔任香港城市大學「燈塔古蹟保育研習實踐項目」的學術顧問，為燈塔團隊作了多場學術講座，帶領團隊前往澳門和馬六甲進行古蹟探查。主要著作有《日本事典》、《釣魚島歸屬尋源之一：琉球沖繩交替考》（並有英譯本出版）、《〈遐邇貫珍〉香港史料類鈔》等。

景祥祜

現任香港城市大學圖書館特別顧問，也是「燈塔古蹟保育研習實踐項目」的發起人之一。帶領團隊拍攝十餘部人文燈塔紀錄片，其研究論文發表於 *Journal of Academic Librarianship, College & Research Libraries News, International Information and Library Review, Virtual Archeology Review* 等國際學術期刊，致力於推動圖書館數位人文創新教育。本「燈塔古蹟保育研習實踐項目」更榮獲美國圖書館協會頒發的 2021 年度國際圖書館創新項目獎。

楊宏通

現任嶺南大學翻譯系高級講師，曾在香港中文大學和香港城市大學任職。從事文學創作和科學翻譯教育工作長達二十餘年，帶領同學展開口述影像實踐活動。目前擔任「燈塔古蹟保育研習實踐項目」的文學和翻譯指導老師。曾翻譯電影《茶花情恨》劇本，編著有《夜航明燈——香港港口與燈塔》等書。

執行編輯

王瑋樂

近年來致力研究中國傳統中式塔燈和香港燈塔歷史，並利用數字人文學重現研究成果。其研究論文曾發表於 *Digital Humanities and Scholarly Research Trends in the Asia-pacific, International Journal of Art, Culture and Design Technologies, Journal of Academic Librarianship* 等學術專書和國際期刊。

鄧詠詩

香港城市大學「燈塔古蹟保育研習實踐項目」團隊成員，近年來主要研究香港燈塔管理員事蹟，探尋水上人與燈塔的人文故事。為幫助視障人士認識香港燈塔，與視障同學製作了《香港燈塔百年意象》、*Chasing the Lighthouse - Hong Kong* 中英文版點字有聲書，並於《城市文藝》發表相關文章。同時負責本書〈水上人和「漁民之父」〉和〈燈塔下的學術對話〉的寫作。

肖寒月

香港城市大學「燈塔古蹟保育研習實踐項目」團隊成員，負責整理翻譯香港早期《英文虎報》和《南華早報》的老報紙，翻譯多篇介紹香港燈塔和管理員的文章，熱衷散文詩歌創作，並於《城市文藝》發表文章記錄香港燈塔管理員的故事。同時負責本書〈海上絲路上輔航建築的印記〉、〈近代燈塔知識的發展與傳播〉、〈橫瀾島燈塔〉、〈燈籠洲燈塔〉、〈燈塔下的學術對話〉的寫作。

技術支援

何舟

現任香港城市大學專業應用教授，曾在美國加州聖荷西州立大學和香港中文大學任教，先後主教新聞與媒體課程和數碼視覺媒體課程。「燈塔古蹟保育研習實踐項目」的共同發起人，指導團隊拍攝多部記錄港澳燈塔的人文故事影片。主要導演的紀錄片作品有《大問於世──與全球頂尖校長對話》、《百年革命》、《燈塔照絲路》、《澳門 澳門》、《百年共和》等。

梁嘉豪

香港城市大學建築學及土木工程學系畢業，負責書中各燈塔的三維重建。近年來發表論文於 *Digital Humanities and Scholarly Research Trends, Virtual Archeology Review* 等學術專書和國際期刊。

李靖妍

香港城市大學傳播與媒體專業本科生，負責書中的美術編輯。香港城市大學「燈塔古蹟保育研習實踐項目」團隊成員，曾參與策展「千載毗鄰，促書法看文字古籍」和「春墨無極‧科學與藝術：2022 年中日青年學生書法作品聯展」和「燈塔下的『市』外桃源」等主題展覽。

攝製並撰述

熊思雨

香港城市大學傳播與媒體專業研究生畢業，負責〈東望洋燈塔〉的寫作。香港城市大學「燈塔古蹟保育研習實踐項目」團隊成員，參與紀錄片《燈塔記憶：澳門東望洋燈塔》的籌備、拍攝及製作，該紀錄片獲 2017 年《中國日報》舉辦的「大學校園新聞獎」（CHINA DAILY Campus Newspaper Awards）英文紀錄片冠軍。

鄭蒨渝

香港城市大學傳播與媒體專業研究生畢業，負責〈鶴咀燈塔〉的寫作。香港城市大學「燈塔古蹟保育研習實踐項目」團隊成員，參與拍攝《燈塔記憶：鶴咀燈塔》紀錄片，曾於《城市文藝》發表相關文章。

姚懿玲

香港城市大學傳播與媒體專業研究生畢業，負責〈香港舊、新青洲燈塔〉的寫作。香港城市大學「燈塔古蹟保育研習實踐項目」團隊成員，酷愛攝影，更喜歡用菲林拍攝，紀錄城市百態。2019 年參與紀錄片《燈塔記憶：青洲燈塔》的籌備、拍攝及製作，該紀錄片獲 2019 年廣州金紅棉國際紀錄片節入圍獎。

陳晨

香港城市大學傳播與媒體專業研究生畢業，負責〈黑角頭燈塔／汲水門燈塔〉的寫作。香港城市大學「燈塔古蹟保育研習實踐項目」團隊成員，參與拍攝《燈塔記憶：香港黑角頭燈塔／汲水門燈塔》紀錄片，曾於《城市文藝》發表相關文章。

目錄

序

中國古代自有夷夏之防的觀念，即與大陸上的鄰邦發生各種各樣的關係。儘管海上絲路與陸上絲路在時序上並無明顯的落差，但中國的國防外交始終聚焦自東北亞延伸至中亞的紐帶。明初鄭和下西洋是中國古代航海發展史上的高光時刻，但沒有因此改變中國小農經濟的格局。

香港的海洋面積大於陸地面積，是世界少有的天然深水港灣，航海歷史由來已久，也曾在中國古代航海發展史上佔一個位置。據文獻記載，香港的海事發展至少可以追溯至唐朝甚至更早的年代。屯門在唐代是海上絲路的一個重要港口，是中國第一大港廣州的補給港。大航海時代來臨之際，香港位處南海之濱的地理優勢造就了此地聯通世界的現代格局；香港演變成今日的國際都會，轉捩點就是海洋。

1521 年，一場世紀海戰在香港的屯門水域爆發，持續戰鬥四十天後，挾大航海威勢東來的葡萄牙人終於敗走，最後轉輾入駐澳門。這場中葡屯門海戰是中國和西方國家之間的第一場戰爭，它預示了中國此後的國防重點將由北方的陸地轉移至南方的海洋，而歐洲以海上力量而崛起的國家亦將取代草原民族，成為中國的主要外患。

中葡海戰直接改寫了澳門的歷史，但發生海戰的香港卻在 300 年後才再次遇上歐洲國家的海上武力，香港再次成為西方打開中國大門

的試點，結果不但改變了香港「小漁村」的面貌，也全盤衝擊了中國的命運。

中葡和中英兩場海戰結果各異，當中的一個關鍵因素是燈塔的面世，大大提升了西方海軍在遠東的作戰能力。在這視界之中，我們看到屹立港灣海角的燈塔，以堅毅而專業的精神照亮了香港開埠的歷史，也為澳門幾百年的故事添上動人的傳奇。

在歷史的明暗之間，燈塔始終甘於獨立海隅一角的寂寞，靜觀潮起潮落，卻引來仰慕者一生的守護與愛戀，於是有了本書的面世。

本書是一群燈塔熱愛者的心血之作，他們來自燈塔光照的每一個社會角落，從事文學、歷史、建築、傳媒、經濟、藝術等不同的工作；卻為了共同的興趣和話語，以文字、圖像、影音、電子媒體一起書寫了一本跨越專業、圖文並茂的燈塔故事，詳細記載了香港和澳門燈塔歷年以來的身世變化，為讀者訴說那些神秘身段背後的大歷史故事。

香港立法會議員

嶺南大學協理副校長（學術及對外關係）、歷史系教授

劉智鵬

導言
陸絲路、海絲路與燈塔之光

一、商旅、使者、傳教士走出絲綢路

當漢武帝無法忍受匈奴的一再苛索和侵擾，遂決定對匈奴用兵，並派遣張騫兩度出使西域，[1] 聯繫月氏（今阿富汗東北部），共同對抗匈奴。

張騫（？至公元前 114 年），漢中城固人（今陝西城固）。武帝建元二年（公元前 139 年），張騫應募出使西域，他帶同嚮導隨從百多人，西出臨洮，擬穿越河西走廊，即為匈奴所執，拘留達十年之久。其間可牧羊打草，也讓娶妻生子，但張騫不忘王令在身，終能俟機逃脫。已學懂匈奴語的張騫，領着隨從，翻過蔥嶺，橫越戈壁，幾經艱辛，多番歷險，終於抵達大宛（今中亞費爾幹納盆地），懇請引送往月氏。大宛如其所請，派員陪護至大月。然而月氏已遠遷，不記匈奴舊仇，婉拒出兵。張騫留居月氏歲餘，無功而還，取道莎車（今新疆莎車縣），經于闐（今和田），擬入羌地而還。詎料匈奴已佔據羌地，張騫等人再被拿獲，囚一年多。元朔三年（公元前 126 年），張騫乘匈奴內亂，領着妻兒隨從等逃出囚地，東返長安。是時，距衛命出使

1　西域一詞，始見於《漢書・西域傳》。又據劉維鈞著《西域史話》（烏魯木齊：新疆青少年出版社，1982）解說：「西域：狹義指蔥嶺以西和以東廣大地區，有時也專指新疆；廣義泛指凡是通過狹義的西域所能到達的地區，包括亞洲的中、西部，印度半島、歐洲的東部和非洲的北部在內。」

之年算，共歷十三寒暑。漢武帝不計成敗，嘉其忠誠，憐其辛勞，仍加封張騫為太中大夫。

元朔二年（公元前 127 年），名將衞青奉武帝命，出征匈奴，在出雲驅逐白羊、樓煩王而奏凱。元狩四年（公元前 119 年），與另一名將霍去病分兵出戰匈奴主力，大獲全勝。漢武帝前後七次征伐匈奴，終於將匈奴擊潰，解除了匈奴對漢王朝的威脅。

為防匈奴捲土重來，又或有新興力量乘時填補匈奴的地位，張騫奏請武帝，再次出使西域，親善訪問諸國，游說通好。元狩四年，武帝喜見大敗匈奴，封張騫為中郎將，率三百隨從，每人備馬兩匹，驅趕上萬頭牛羊和運載價值不菲的絲織品等，出使西域，周訪各國。其時，河西走廊已由漢軍控制，身穿漢朝官服的張騫，和前番出使相比，有若天壤之別。使團順利地經敦煌到樓蘭，再經塔里木河，西行至龜茲，最後抵達烏孫（今伊犁河流域和伊塞克湖一帶）。張騫又派遣副使，前往大宛、康居、月氏等國，開展與天山南北和中亞各國建立起友好通商的關係。[2]

張騫第二次出使西域返回長安不久，便因過於勞累，於公元前 114 年病故。張騫兩番出使，開闢出一條連接中亞、西亞、南亞以及

2　　郭曄旻：《絲路小史──陸絲卷》（香港：中華書局，2021），167、168 頁。

歐洲的交通大道。司馬遷《史記》中有關西域的地理、人文情況，大多來自張騫的報告。司馬遷的史筆，稱譽張騫是「鑿空西域」之人。事實上，張騫打通西域之功，放在世界史上，也是備受尊敬的人物。

到了東漢，另一名將班超（32至102年），扶風安陵（今陝西咸陽東）人。永平十六年（73年），他隨大將竇固出擊北匈奴，後被委派率領吏士三十六人赴西域，在鄯善將親匈奴的疏勒王廢掉。其後，又領軍堅守疏勒，不致被北匈奴攻破。章和元年（87年）至永元六年（94年），班超陸續平定莎車、龜茲、焉耆，又擊退了月氏的入侵。班超領軍戍守西域長達三十一年，鞏固了漢朝在西域的統治，也保障了張騫開拓西域通道的暢通。班超更於永元九年（公元97年），派遣部屬甘英，出使大秦（羅馬帝國）。甘英攀山越嶺，穿行大漠，來到條支國西海（今波斯灣），因受阻而回。但他已是漢朝最遠行的使者了。

這條西域通道，向西越走越遠，連接了中亞、西亞、南亞以及歐洲東部。其起始點用四段路程來連接：

秦隴段：自長安或洛陽出發，經隴西高原、河西走廊至敦煌。

東段：自敦煌至木鹿（今土庫曼斯坦巴拉姆河里城附近），分出南路與北路。南路為由敦煌出陽關、沿南山（昆侖山脈）北麓，經新疆的若羌、且末、民豐、和田、莎車、塔什庫爾幹、越帕米爾高原、經中亞而抵木鹿。北路方面，自敦煌西北方出發，出玉門關，沿天山南麓，經庫車抵疏勒，然後與南路匯合。

中段：這路段基本上都在伊朗境內，橫亙東西，北倚厄爾布林士山脈，南瀕卡維爾沙漠。

西段：自兩河流域（底格里斯與幼發拉底河的中下游地區）直達地中海沿岸及君士坦丁堡（今土耳其伊士坦布爾），進入歐洲。[3]

雖然張騫鑿通了西域，商旅和各國朝貢使者紛至沓來，但他們都不是最早的旅人、使者。古云：「莫道君行早，尚有早行人。」公元前四世紀，古印度政治家考底利耶所著《治國安邦術》，就已提到中國的絲綢。而在阿爾泰地區發現的公元前五世紀的貴族墓中，便出土了中國絲織品。[4]據此可知，早在公元前五世紀，甚至七世紀，從中國內蒙古草原的河套附近，向西越過阿爾泰山，再西行、西行的一條通道，已經由無數的早行人走了出來。

以上所述四段連接起來的西域通道（後稱絲綢之路），可說是主幹道，亦稱北路。而張騫第二次出使西域歸來，奏報發現大夏（今阿富汗北部）有許多蜀地的布匹，經向商人查詢，乃來自身毒（今印度），是蜀地商人將絲絹運到身毒，再轉至大夏。[5]原來早在春秋戰國時期，出口印度的絲綢和生絲，已由四川的成都，經雅安、邛都（今西昌）

3　　同上，29頁。
4　　同上，158頁。
5　　王清華、徐冶：《西南絲綢之路考察記》（昆明：雲南大學出版社，1996），1頁。

至大理而入緬甸，最終抵達身毒（印度）；也有支線由成都經宜賓、昆明，然後與大理匯合。[6] 這條比張騫開拓的北路要早二百年的西南絲綢之路，在 1980 年代已由王清華、徐冶作全程考察，並著成《西南絲綢之路考察記》。

　　幾大文明古國——中國、印度、波斯、大秦（羅馬）乃至阿拉伯，各擁燦爛獨特文化，其商民通過崎嶇艱險、氣候幻變的西域通道，進行了文化交流，商品互易，以及宗教傳播，從而促進了經濟發展，更大地推動了人類文明的進步。

　　中國藉着絲綢，成為衣冠上國，那柔絲細絹，更勝刀劍，征服了多少帝后、貴族之心，拋掉獸皮革衣，換上華美輕柔的絲絹服。一時間，各上層階級皆趨之若鶩，使中國絲綢成為百物中之上品，輸到中、西亞，更遠銷至歐洲。除絲綢外，紙張、陶瓷、鐵器、火藥、丹藥等，也是商販駝隊的運載物。

　　另一方面，從中、西亞販來的物品，有來自草原畜牧的馬、羊、毛織品和樂器等；有由印度傳入棉花及其種植法，而製糖法也是由印度傳入，[7] 另外還有犀角。西域則有胡菜、玉石、葡萄等；中亞有胡椒

6　　同上，3 頁。

7　　穆根來、汶江、黃倬漢合譯：《中國印度見聞錄》（*Relation de ld Chine et de l'Inde*）（北京：中華書局，1983），54 頁注釋 9；季羨林：〈一張有關印度製糖法傳入中國的敦煌殘卷〉，《歷史研究》，1982 年 1 期。

和釀酒術的傳來;西亞有珊瑚、珠寶、琉璃器和各種香藥。宗教方面，先後有佛教、祆教、景教、摩尼教、伊斯蘭教等，從多種途徑傳入。

西域通道，朝西越走越遠，反過來，遠方來客也越來越多，穿梭往還，絡繹於途，由西漢而兩晉、南北朝至大唐，達到鼎盛期。其時，「萬邦朝天中」，異域奇貨珍品匯集長安，一片繁華昌富，盛況空前。

但天寶十四年（755 年），爆發了「安史之亂」，歷時近八年，動搖了李唐江山。其間，為抵禦亂軍，唐廷調回駐守西域的軍隊合力平亂。這麼一來，西北邊防便告單薄空虛。虎視已久的吐蕃，趁機出兵侵襲，攻城掠地，佔據了河西走廊，遂令西域通道最重要的市場受到阻隔，無復當年盛況。日換星移，大宋定鼎中原，卻又長期受到遼、金、西夏的侵擾，惟有向南退縮，遂使西北通道仍然梗絕，未能暢通。

1271 年，忽必烈在中國建立的元朝，與四大汗國聯合起來的蒙古帝國，其版圖東至中國東海，西抵地中海，南臨波斯灣，北達西伯利亞，國土橫跨歐亞大陸。為聯通各政區和邊地，蒙古帝國在歐亞大陸設了驛站，使歐亞的通道得以恢復，而且還發出名為「牌符」的通行證，讓持有者通行。於是，這條後來被稱為「絲綢之路」的通道，又復蘇起來。

但隨着元朝滅亡，蒙古帝國瓦解，加上奧斯曼土耳其帝國攻陷君士坦丁堡後，通道受到阻截，從中東不能再西行，也就無法通往歐洲。

迨十六世紀，歐洲的航海事業迅速發展，大風帆繞過好望角，東行至亞洲極東，也有橫越大西洋抵達美洲。於是，陸上絲路的未來，便讓位給海上。

1877 年，德國地理學家費迪南·馮·李希霍芬（Ferdinand Von Richthofen，1833 至 1905 年），在他的名著《中國》，將公元前 114 至公元 127 年間的中國和中亞、中國和印度的西域通道，以 Seiden Straßen（英譯 the Silk Road）名之，中文翻譯為「絲綢之路」。後來，也有效仿李希霍芬的做法，說成是「陶瓷之路」、「寶石之路」，但大家都以「絲綢之路」稱之，李希霍芬的概念亦被後來的學者擴大到古代中國與世界交流的通道。同時，海上的交往被稱為「海上絲綢之路」，並有「絲路」（指陸絲路）和「海絲路」的簡稱。

二、乘風破浪、揚帆疾進的海絲路

居住在海角涯邊的遠古先民，初則在海邊淺灘捕魚，及後刳木為舟，往更遠的海面打魚。人類天性好奇，他們無不對大海彼岸感到興趣——海的那邊，會是什麼地方？當先民認識了水流、懂得風向，再加上豎起帆幕，便沿着海岸逐漸前行，繼而尋找高山、島嶼作為望標，勇敢地向茫茫大海進發，尋找彼岸的人間世。

中國南疆的廣州，古稱番禺，位處珠江口，前臨南海。1974 年底，廣州中山四路意外地發現了古代造船遺址。經專家考證，基本判

斷為秦代造船遺址。[8]據《漢書・地理志》載:「(南海)處近海,多犀、象、毒冒、珠璣、銀、銅、果、布之湊,中國往商賈者多取富焉。番禺,其一都會也。」又謂:「自日南障塞、徐聞、合浦船行可五月,有都元國⋯⋯ 有黃支國,民俗略與珠厓相類,其州廣大,戶口多,多異物,自武帝以來皆獻見。有譯長,屬黃門,與應募者俱入海市明珠、璧流離、奇石異物,齎黃金雜繒而往 ⋯⋯ 平帝元始中,王莽輔政,欲耀武德,厚遺黃支王,令遣使獻生犀牛。」[9]

　　這段文字已有很多前輩學者作出研究,所提及的地名有十三個,黃支已被考為印度的建志補羅 (Kancipura)。[10]而「繒」,即絲織物。也就是說,在西漢初,廣州、徐聞、合浦已有船舶經南海,穿過馬六甲,抵達印度,開展貿易,其中包括犀角、明珠和絲織品。若以秦代造船遺址在廣州被發現,那便有理由相信南海絲路在秦代已有商舶在海中搖盪。

　　東晉高僧法顯 (337 至 422 年),從陸上絲路往印度取經求法,回程由印度渡海至斯里蘭卡,留居兩年,然後乘商船回國,中途遇上風

8　顧潤清等:《廣東海上絲綢之路》(廣州:廣東人民出版社,2008),49 至 65 頁。內載:「秦代造船遺址之說,已作為一種定論載入《中國大百科全書・考古學》,因仍有不同見解,但又沒有足夠證據推翻,所以可視為基本定論來看。」

9　(漢)班固:《漢書》(北京:中華書局,1997 年縮印本),429 至 430 頁。

10　邱新民:《東南亞文化交通史》(新加坡:新加坡亞洲研究學會、文學書屋,1984),159 頁。

暴，曾靠泊蘇門答臘，原定回程目的地是廣州，最終卻漂流至山東。
從法顯所著《佛國記》，便可看到當時南海絲路的情況。

泊唐朝，造船技術提升，船舶更可遠航至東非。據唐貞元宰相賈
耽（730 至 805 年）的〈廣州通海夷道〉所記，詳述整條海上絲綢之
路的航程。歷來中外史學家都非常重視「廣州通海夷道」，紛作考證，
包括伯希和、夏德・駱克希爾、馮承鈞、日本桑原騭藏等。近人邱新
民更將整個航程作了注腳。他分三段來作注解。

第一段：廣州至沒來（宋譯故臨，趙汝适作南毗國，位於南天竺
南部）航程；

第二段：沒來至烏刺（Al-Ubullan、Vbolld，巴士拉，乃大食國之
重鎮）航程；

第三段：烏刺至三蘭（今東非的 Zanzibar 島之南，與 Tanganyika
的海港）航程。

詳細請參考邱新民著《東南亞文化交通史》。[11]

總的來說，唐朝的海上絲綢之路主要航線是從廣州出發，至大食
國巴士拉港為東航線，再西行抵達阿拉伯半島、亞丁灣、紅海、東非
為西航線。[12]

11　同上，204 至 218 頁。
12　郭曄旻：《絲路小史──海絲卷》（香港：中華書局，2021），43 頁。

州通海夷道第一段廣州沒來航程

唐廣州通海夷道第一段廣州沒來航程（參考自邱新民：《東南亞文化交通史》圖 120）

　　其時，廣州作為海上絲綢之路的終、始站，帆檣如林，商品似山，為求更好管理，顯慶六年（661年），廣州設置市舶使，對舶來品徵稅，更有蕃坊的設立（詳見本書第1章的〈論析廣州光塔是否有發光、起過燈塔的作用〉）。總而言之，唐代的中國海外交通，以東南亞為盛，東南亞活動的主角是華人。而阿拉伯商人東航，要在沒來國換大船，然後經基拉（羯荼）至佛逝（巨港），[13] 最終來到廣州。高僧義淨從永昌元年（689年）由廣州乘船，西行至印度求法，凡二十五年，遊歷印度、南海諸國，足見海上絲路之暢通。

　　無可否認，阿拉伯人[14]活躍於紅海、阿拉伯海、波斯灣的時間相當長，可由八世紀至十五世紀末，凡八百年。[15]

　　唐朝的中日文化交往達到鼎盛，日本前後共委出遣唐使二十次，最終成行的有十五次。[16] 但那是日本向中國求學問道之旅，留唐生、問學僧，將大唐的先進文明，移植到日本，孕育出絢麗多彩的「天平文化」。

　　迨宋代，造船技術繼續提升，而且率先將指南針應用到航海業

13　邱新民：《東南亞文化交通史》，212頁。

14　唐宋時期的阿拉伯人，是回教世界的代表名稱，在紅海及阿拉伯海的有薩薄人，在波斯灣的有薩尼人，而一般人都稱他們為阿拉伯人。邱新民：《東南亞文化交通史》，199頁。

15　邱新民：《東南亞文化交通史》，199頁。

16　黃天：〈日本遣唐使船再起錨〉，《信報月刊》，2010年7月號，82頁。

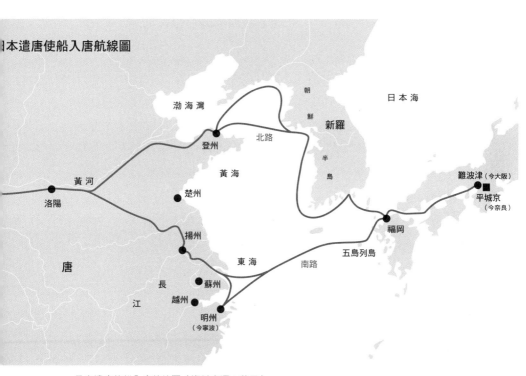

日本遣唐使船入唐航線圖（資料來源：黃天）

上。宋太祖開寶四年 (971 年)，在廣州設立市舶司，「掌蕃貨、海舶、征榷、貿易之事，以來遠人，通遠貨。」[17]

　　宋代的海絲貿易，除絲綢外，陶瓷亦告大幅增加。按陶瓷易碎且重，陸上絲路難以大量運載。若以船舶裝運，既可減少破損，兼且可利用其重量來壓艙，運輸成本遠較陸路低，所以宋代陶瓷出口大增。另一方面，香藥[18]進口亦猛增。在唐代，阿拉伯與波斯商人來華貿易，多以香藥為主，取其利厚。降至宋代，交通更為發達，香藥也就源源不絕的運至廣州。

　　至南宋崇寧三年 (1104 年)，廣州市舶司的收入已達一百一十萬貫。面對如此巨大的稅收，市舶司的官員動了心，向外商苛索，貪污腐化，致使以阿拉伯為首的外商無法忍受。其時，南宋偏安於杭州，與福建泉州邇近，乃大力發展泉州的市舶，阿拉伯的商船便轉泊泉州港。南宋晚期，泉州取代廣州，成為第一大港。

　　忽必烈入主中原，建立元朝，除將陸上絲路重新打通外，也着意開拓海上絲路，繼續支持泉州港，重用蒲壽庚家族及阿拉伯等色目人，將絲綢、瓷器遠銷至摩洛哥、北非。目睹泉州百舸爭流，商賈雲

---

[17]　顧潤清等：《廣東海上絲綢之路》，89 頁，引《宋史》卷一六七〈職官志〉。

[18]　香藥可分為可食用的香料和供作化妝用或藥用兩大類別。林天蔚：《宋代香藥貿易史》（台北：中國文化大學出版部，1986），23 頁。

集的繁盛景況，馬可波羅也大為讚歎。

朱元璋倒元成功，建立明朝。從永樂三年（1405 年）至宣德八年（1433 年）的二十八年間，鄭和奉旨率領龐大船隊七下西洋，向亞非三十多國和地區，進行親善訪問，也開闢了包括朝貢貿易的新貿易航線。鄭和七下西洋的壯舉，雖然有美國海洋史學家路易士‧瓦塞斯在《中國稱雄海洋的時代》作出評價：「鄭和七次遠航印度洋的帝國艦隊是世界上一支舉世無雙的艦隊，直到二十世紀初第一次世界大戰的無畏艦隊在海上出現之前，沒有任何艦隊可以與之匹敵。」[19] 但更加舉世無雙、無與倫比的是親善交往，沒有稱霸，沒有恃勢凌人，攻城搶劫，開闢殖民地。鄭和的船隊贏取了各國各地人民的口碑，在人類歷史上留下光輝的一頁。

只可惜，鄭和之後，因為國庫不能再支持那龐大的船隊，遂宣佈停航、解散，甚至永不起錨。從財政上考慮，船隊解散是可以理解，但痛心的是，把領先世界的航海技術、造船工藝也一同毀棄，那完全是煮鶴焚琴的一大錯失！

同在十五世紀發生的另外兩項航海大事：1492 年哥倫布「發現」美洲新大陸；1498 年，葡萄牙人達‧伽馬繞過好望角，開闢了直航東

19　郭曄旻：《絲路小史——海絲卷》，160 頁。

方的航線。但他們的宗主國：西班牙和葡萄牙，即開始以武力開拓他們的殖民地，繼之而來的還有荷蘭、英國、法國等。與此同時，他們的大風帆加上新的航海技術，可以乘長風、破巨浪，繞行世界，原本活躍於東方海上絲路的阿拉伯商船，便只能轉在阿拉伯海一帶作短程航行。

　　葡萄牙人於 1553 年（有說是 1557 年）取得租用澳門這個小漁村，然後在 1580 年，得到日本長崎的領主大村純忠許可，使用長崎港。於是葡萄牙人便由澳門溯江上廣州，裝載大量生絲，運到長崎，收回的貨款是白燦燦的銀條。由於嘉靖年間受倭寇的侵擾，日本被明廷拒於門外，無法通商，葡萄牙人遂有壟斷這條「絲銀貿易」的機會，總是滿船白銀而歸。[20]

　　另一方面，西班牙的殖民地秘魯在 1571 年發現銀礦，使後來秘魯和墨西哥的白銀經菲律賓流入中國。那是因為福建的商船裝載了中國的絲綢、小麥、日用品、奢侈品等，運到西班牙的殖民地菲律賓，賺取美洲的白銀，據統計，從 1571 年至 1644 年，由美洲流到中國的白銀總量達到 7,620 噸，合二億兩。[21]

20　黃天：〈16 世紀澳門和石見銀山的歷史情緣〉，《澳門歷史研究》第 11 期（2012 年），21 至 27 頁。

21　郭曄旻：《絲路小史——海絲卷》，227 頁。

　　明亡清興，康熙帝在平定三藩之亂和統一台灣後，於康熙二十三年（1684 年）解除海禁。翌年，開泉州、寧波、松江為貿易港。乾隆二十二年（1757 年），宣佈廣州一口通商，成為西方人進入中國的唯一口岸。西方各國便在廣州設立十三行，直到鴉片戰爭。十三行早期的貿易，中國輸出以茶葉為主，英國痛感外貿赤字嚴重，便販賣鴉片來中國，以抵消茶葉帶來的赤字，最終釀成鴉片戰爭。

三、屯門乃海絲路泊碇港　澳門為絲銀貿易港

　　一直以來，有人質疑香港在鴉片戰爭之後，才由一個小漁村搖變為國際大商港，怎麼可能會和海上絲綢之路沾上邊呢？雖說九龍李鄭屋村發現了東漢古墓，也只能說在東漢時代，已有人生活於此，不足以證明和海絲路有關。

　　問題提得很好，但香港（包括九龍、新界）確與海上絲路有着重要的歷史關連。

　　上文提及唐賈耽的〈廣州通海夷道〉，載於《新唐書・地理志》，內謂：「廣州東南海行二百里，至屯門山，乃帆風西行二日，至九州石。」[22]

---

[22]　宋歐陽修、宋祁撰：《新唐書》（北京：中華書局，1997 年縮印本），312 頁。

此屯門山即今香港的屯門無疑。據邱新民用唐代的里數來計算，以船速每更四十里，「自廣州東南海行二百里，只須半日程就到屯門山了。」至於九州石，邱氏又考為廣東上下川島與海南島之間的海域。[23]

前輩學者羅香林教授再引《新唐書‧地理志》的〈嶺南道南海郡〉條，述說廣州各地的軍事駐防：「有府二，曰綏南、番禺；有經略軍，屯門鎮兵。」羅教授解釋說：「屯門須置鎮為守，則其地以商舶眾多，當日以視為險要所在，亦可知矣。唐玄宗時，南海太守劉巨麟，且嘗以屯門鎮兵泛海北上，討平寇擾永嘉之海賊吳令光。則屯門為當時沿海之重要軍鎮，亦至明焉。」[24]

宋周去非著《嶺外代答》亦有關於屯門的記述：「三佛齊者，諸國海道往來之要衝也。三佛齊之來也，正北行，舟歷上下竺與交洋，乃至中國之境。其欲至廣者，入自屯門。欲至泉州者，入自甲子門。」[25]

羅香林又加以分析，屯門在唐宋時代為中外商舶所集碇，但始於何時？未能考定。然以其早為濱海聚落，或自昔有魚撈之利，易以吸

23　邱新民：《東南亞文化交通史》，207 頁。

24　羅香林等：《一八四二年以前之香港及其對外交通──香港前代史》（香港：中國學社，1959），23 頁。

25　（宋）周去非著，楊武泉校注：《嶺外代答校注》（北京：中華書局，1999），126 頁。據楊武泉的校注，三佛齊即今之蘇門答臘島東南部；上下竺考為馬來半島東岸的奧爾島；交洋即交阯洋，海南島與越南之間的海域。

引居民，故當史前時代，其地即有漁民聚處。[26]

　　也許作為漁民聚處是在史前時代之後，但屯門曾是海上絲路的泊碇港，是毋庸置疑的史事。而屯門已成為今天香港新界的一個市鎮。

　　如前文所述，葡萄牙人入居澳門後，復於 1580 年取得篤信天主教的大村純忠信任，將長崎和茂木兩個港口寄奉給耶穌會，於是長崎的傳教和貿易權便由葡萄牙人主導。筆者在 2007 年 6 月，接受日本放送協會（NHK）的採訪，談到葡萄牙人成為中日貿易的中介人，從澳門溯江而上至廣州，採購生絲，然後運往長崎，換來一箱箱白銀，運返澳門。這些白銀絕大部分流入明朝的中國。當時筆者引用全漢昇教授的研究資料，統計出自 1580 年至 1637 年的近六十年貿易，由長崎輸入澳門的白銀累計約五千萬兩，締造了澳門第一個商貿高峰期。筆者更特別提到十六、十七世紀澳門建造了不少宏偉的天主教堂，耗資不少，錢從何來？正是由於跟長崎貿易取得成功，商人按指定或自願奉獻給教會而建成。但澳門與長崎間的「絲銀貿易」，隨着 1639 年，德川幕府禁絕天主教，拒絕葡萄牙人踏足日本後，便告結束。[27]

26　（宋）歐陽修、宋祁：《新唐書》，22 至 23 頁。

27　葆青：〈澳門的五千萬兩日本白銀──記半世紀葡日貿易史遺珠〉，《澳門日報》，2007 年 8 月 19 日。

四、古代火炬燈光和近代燈塔

　　古代為了保衛疆土和海濱，均會在高地設置哨所，甚或烽台，以監視遠方動態。而瀕海的港口，更加倍注視外來的船隻，因而有點燃烽火之制，以導引航船在黑夜中不致迷航。如〈廣州通海夷道〉所記：「至提羅盧和國，一日羅和異國，國人在海中立華表，夜則置炬其上，使舶人夜行不迷。」[28] 但如果來者是賊舟或是異國無交往之船，「晝則舉旗，放銃為號，夜則放起火，放銃為號，墩上即便接應。」[29]

　　據西方的記載，公元前三世紀，古埃及建造了亞歷山大燈塔，後被稱為有史以來最早的燈塔，惜已毀於地震。然其圖像在耶穌會士南懷仁撰著的《坤輿圖說》中仍可看到。《坤輿圖說》白描圖繪出七大奇蹟，除上述法羅海島亞歷山大燈塔外，還有一座與燈塔有關的建築，那就是坐落於希臘愛琴海樂德島的銅人巨像。《坤輿圖說》有以下文字說明：「樂德海島銅鑄一人，高三十丈，安置於海口，其手指一人難以圍抱，兩足踏兩石臺，跨（胯）下高曠，能容大舶經過，右手持燈，夜間點照，引海舶認識港口叢泊。銅人內空通，從足至手有螺旋梯升上點燈⋯⋯」[30]

28　（宋）歐陽修、宋祁：《新唐書》，312 頁。

29　（明）鄭若曾撰，李致忠點校：《籌海圖編》（北京：中華書局，2007），827 頁。

30　南懷仁：《坤輿圖說及其他一種》（上海：商務印書館，1937），219 至 220 頁。

法羅海島高臺（亞歷山大燈塔）
（圖片來源：《坤輿圖說》〔文淵閣四庫全書本〕）

　　西方於夜間點火照引船舶的文化由來已久。當然，古代點燃的火炬和燈火，完全沒有造成光柱集束照射的效果。

　　在中國，燈塔一詞首見於明天啟三年（1623 年）朱之蕃編、陸壽柏繪的《金陵四十景圖像詩詠》，內中三十五景〈報恩燈塔〉，圖像所附的說明大意是：康居國（今烏茲別克斯坦與塔吉克境內）僧人至長千里結茅行道，孫權建塔寺，取名建初，宋改天禧，永樂賜名報恩，「其塔最高，金碧琉璃，燈光炫耀，中夜燭天，極稱壯觀。」[31] 審其文意，燈塔之光乃寓意佛光之普照，並非導引夜間航船。

　　塔寺之燈光用於引航者，可見文獻有《澎湖西嶼浮圖圖》，是圖由蔣元樞於乾隆四十三年（1778 年）進呈，並作重修說明，指出澎湖位處台灣海峽當中，是閩台兩地必經之路，為保海舶安全，因此將西嶼古塔基址擴闊，「用石築為浮圖，其高五級，級凡丈許，頂設長明之燈，西照鷺門，東光鯤島，南達銅山、東粵，俾一望無際之餘，知所定向。」又在浮圖之前建天后宮，招募僧人「兼司燈火，使風雨晦明，永遠普照」。[32]

31　（明）朱之藩編、陸壽柏繪：《金陵四十景圖像詩詠》（南京：南京出版社，2012），45 頁。
32　陳龍貴、周維強主編：《順風相送 —— 院藏清代海洋史料特展》（台北：故宮博物院，2013），39 頁。

長明燈照引航船，用心良佳，較前益善，只是大海溟漭，一般的燈火在黑夜中微弱如豆，難與近代燈塔比擬。

十九世紀初，蒸汽機應用到海船上，成為無風也能衝的火輪船。隨着歐美列強在全球開闢它們的殖民地，掠奪資源、傾銷產品，都需要輪船載運，輪船通連五洲，成為最重要的交通工具。為了確保海運安全，免使人貨傷亡受損，歐美人士研製出反光鏡和透光鏡，裝在燈塔的燈器室，並加上機動旋轉，使燈光折射成一條平行的光束，射向遠方，導引航船，同時可以成為定位的望標，這就是探射式的近代燈塔。（詳見第 3 章的〈東望洋燈塔點燈放光早於東亞其他燈塔之考〉）

在歐美人士的大力推動下，十九世紀中葉以後，遠東各國的重要港口，如春暖花放般，一座一座的矗立在山巔崖邊。根據統計，中國沿海（撇除港澳兩地）從同治八年（1869 年）第一座燈塔落成起，至光緒三十四年（1908 年），燈塔陡增至一百六十座。[33] 日本方面，若按明治年間（1867 年至 1911 年）計算，單計日本本土便有二百多座。[34] 同時，日本在其殖民地和佔領區域也建了不少燈塔，這裏從略。

33　班思德著、李廷元譯：《中國沿海燈塔誌》（上海：總稅務司署統計科，1933），10 頁、20 頁。

34　日本燈臺局編纂：《日本燈臺表》（東京：燈光會，1936）。

五、燈塔古蹟的探查

　　燈塔孤立山巔，枯守海邊，為船舶引航，是黑夜的明燈。這一盞
盞大海明燈，隨着科技的飛躍發展，繼雷達之後，再有衛星定位導
航，燈塔逐漸退出海運舞台，關燈滅光；燈塔員、守燈人，下崗遠
去，而且很多都已百年歸老，再難找到他們的身影。

　　其實，當年在港口外建造燈塔，可見該港口是相當繁忙的，因而
受到重視。燈塔照遠不照近，可燈塔下的港口故事多如繁星——有可
歌可泣的海港保衛戰；有動人的港口發展史；有以洋貨舶品堆砌成的
金屋巨廈；十里洋場，港灣盡是酒吧舞廳。今天，這些燈塔下的港口，
有些已是斜陽夕照、黯然無光的舊港；也有無分今古、依然是暢旺的
舊都名城。

　　來自台灣的景祥祜教授，出任香港城市大學圖書館館長十數年，
他懷抱現代圖書館學的新思維，不再固守收藏整理圖書，僅被動地讓
讀者、學人來借閱，而是更深入整理圖書、文獻，挖掘出一些鮮有人
觸碰的主題，然後提供給研究者，或與有興趣的老師一起組織學生來
研究，「燈塔古蹟保育研習實踐項目」就是這樣誕生的。

　　初期，傳理系何舟教授帶領他的學生參加這個項目，在田野考察
時實錄拍攝。後來，他們攝製出來的作品，備受稱譽，連番在中外取
得獎項。這些成果是一個團隊共同努力得來的，因為還有建築系、歷
史系的研究生，也有翻譯系楊宏通高級講師，帶同他的學員辛勤地作

出多方面的翻譯支援。我則在景教授的邀請下，為團隊、學生作了一些歷史專題講座。

「燈塔項目團隊」沿着海上絲路建有燈塔的港口進行考察研究，已完成的有香港、澳門、馬六甲、澎湖。今先將「香港·澳門卷」整理出版，懇請專家、學者不吝賜正，是所至禱，亦當銘感！

黃天

2022 年 11 月 27 日凌晨

定稿於澳門隔離酒店

序　章

　　海洋既孕育生命，亦傳播文明。在陸上交通尚不發達而又有邊界
關隘阻截之時，航船就成為另一條文明商貿的動脈，慢慢在海濤聲中
流動起來：商品上互通有無，文化上交流碰撞，推動着世界的文明進
步。其中堪稱壯舉的有：鑒真東渡、鄭和下西洋、哥倫布「大發現」。
另外也有一批批籍籍無名之士，在東西洋上穿梭往來，搖蕩出一條海
上絲綢之路，震驚世界，使人類文明走向成熟。

　　香港地處亞洲要衝，而且是難得的深水良港，又背靠大陸，有豐
盛的物產，因此香港既可大量進口舶來品，亦可以將內地產品源源輸
出，從而奠定了香港作為國際航運中心的地位。繁忙的海上貿易也推
動了眾多航海導航設施的出現。燈塔就是繁忙港口的重要設施，也是
遠洋船的指路明燈。早在一百五十年前，香港得西學東漸之先，建起
一座座燈塔，導引着洋船安全往返。今天，導航的科技雖然十分先
進，但這些矗立在崖岸的燈塔，卻始終如一地守護着海員、船隻的安
全，亦見證了香港的百年變遷，其古舊身影，亦已成為文化古蹟。

　　香港是世界上擁有最多燈塔古蹟的地區之一，為讓世人了解燈塔
曾為香港的航海事業作出過巨大貢獻，香港城市大學邵逸夫圖書館在
七年前啟動了「燈塔古蹟保育研習實踐項目」（中文簡稱「燈塔項目」，
英文簡稱「LHRC」），將來自建築與土木工程、翻譯及語言學、媒體
與傳播等學系的學生凝聚在一起，研究香港、澳門燈塔在航海史上的
地位及影響，挖掘燈塔背後厚重的歷史以及鮮活的故事。為將這些寶

貴的，或早已被人遺忘的歷史記錄下來，該團隊還對港口的發展及燈塔的古蹟展開文獻檢索和實地考查，拍攝成系列紀錄片，再撰文紀實，讓社會各界人士能更加直觀地讀懂這些燈塔故事。

本書附有的燈塔系列紀錄片，意在將現存的港澳燈塔帶到讀者面前，再通過文字講述其人文歷史，以展現其古今風貌。前兩章是概覽部分，第 1 章介紹海上絲綢之路一帶的古式輔航建築，文中引出史料所記載最古老的西方燈塔、海上絲路沿途的中式古塔、東亞日本地區的古燈台、香港與海上絲路的歷史聯繫，以及遺留在香港的舊時輔航建築的印記。第 2 章介紹近代燈塔的輔航發展和功能演變，從近代燈塔知識的西學東漸到燈塔在東亞的建立，讀者可以了解近代燈塔的建築結構和燈器的發展歷程，以及新時代下燈塔的運轉和作用。

接着是分章節詳細介紹八座港澳燈塔。每一章節均附有真實的圖像史料、航線地圖以及各種建築圖則，再現燈塔古蹟的歷史風貌。結合燈塔項目團隊實地拍攝的燈塔及其周邊的自然景觀，讓讀者彷彿身臨其境，體會當年燈塔管理員日夜執勤的情景。

澳門東望洋燈塔一章將會展現其鮮明的葡萄牙建築元素，以及那獨特的重錘帶動燈器轉動的裝置。香港鶴咀燈塔作為香港第一座燈塔，經受了風雨的洗滌，物主的轉易，以至燈室遷移，燈塔項目團隊利用數位技術還原它原本的模樣。香港青洲燈塔建築群新舊兩座燈塔體現了從傳統到現代燈塔的演變，它們在二戰中倖免於難，正正説明

其具有重要的戰略意義。黑角頭燈塔一章主要介紹它坐落於暗礁險灘，如何通過紅白兩種燈光，指引不同方向的船隻避過礁石。汲水門燈塔則會介紹一種新型科技，能讓燈器在白天熄滅、晚上閃爍，以替代燈塔管理員的作用。橫瀾島燈塔一章介紹其建設的艱困和發展歷史，並講述昔日燈塔管理員在橫瀾島上守塔的生活故事。燈籠洲燈塔與馬灣隔海相望，照亮着航船從廣州入港的航路，清政府曾在此設立九龍海關，徵收鴉片洋藥進口關稅。澳門和香港這些超過百年歷史的燈塔建築，見證了中西航運的歷史和科技的發展，以及人類從傳統走向現代的歷程。

　　海上有燈塔保駕護航，陸地上亦有「燈塔」指點迷津。原香港出生的英籍橫瀾島燈塔管理員花維路（Charles Thirlwell），打破階級壁壘，為漁民和生活在避風塘的水上人（蜑民）爭取權益，帶領他們「上岸」積極融入香港社會，人稱「漁民之父」。該章節也會介紹逐漸淡出人們視線的水上人群體以及燈塔管理員的突出貢獻。

　　「燈塔，照亮了來路，亦指引着遠方。」飲水思源，正是這些「沉默的守望者」築起香港今天的輝煌，風吹無痕，但海風刻在燈塔岩壁上的歲月痕跡值得被人銘記於心。百年過去，我們如何讓後代了解香港和澳門的過往，靠的不正是這些社會合力維護的文化古蹟嗎？希望本書能從文化保育的角度給各位讀者一點力量與啟發，也希望有更多熱心人士能加入保護香港和澳門的歷史文化，傳播人性光輝的行列。

海上絲路
輔航建築的印記

　　中國是世界上最早有文獻記載海事交通的國家之一，早在古代就開始探索海洋。船舶航行的足跡，遍佈渤海、東海、南海，途經孟加拉灣和阿拉伯海，遠抵紅海地區，連成海上絲綢之路。[1] 明朝鄭和七下西洋遠航，親善訪問了西太平洋和印度洋三十多個國家，懷遠施仁，促進了海上絲路的文化與貿易交往。船行海上，觀察沿途山川景致，眺望古老的高塔，輔以天文航海和地文航海知識，衝破風浪迷霧，避過暗夜險礁，化險為夷。香港和澳門也在海上絲路上留下了輔航建築的發展印記。

一、南海絲路上的輔航建築

　　西漢時期，漢武帝開放沿海港口，發展海上貿易，逐漸形成了一條下南海，向西行的海上絲綢之路。商船從廣州出發，將中國的絲綢、瓷器運送到東南亞、中亞等地區，又經阿拉伯商人轉至地中海，最終將貨物帶至希臘和羅馬帝國，海上貿易絲路橫跨亞、非、歐三大洲。西方古燈塔正發源於早期海上絲路的一個重要地區——地中海。

　　西元前 3 世紀，古埃及建造的亞歷山大燈塔（The Pharos of Alexandria），被稱為世界七大奇蹟之一。它是有史以來最早建成的燈塔，坐落於埃及亞歷山大港對面的法羅斯島上，燈塔的西面和北面向海，是一個重要航海地標。14 世紀初期，高大的古塔在兩次地震中毀壞，燈塔倒塌後遺留的石料，被用於修建燈塔遺址上用以抵禦外敵的堡壘。這座古老燈塔的確切外形，只能從一些史料中尋找。獲中國《四庫全書》輯入的《坤輿圖說》[2]，由耶穌會士南懷仁撰著，介紹了天文和山川地理的自然現象，並記述各國風土物產和建築奇蹟，就法羅斯島的古塔繪有白描圖文，並附解說：「高台基址起自丘山，細

1　　中國航海學會：《中國航海史：古代航海史》（北京：人民交通，1988），頁 59。

2　　南懷仁：《坤輿圖說》第二卷（上海：上海古籍，1987）。

中國古代海上絲路路線圖（資料參考來源：香港歷史博物館——李鄭屋漢墓博物館）

白石築成，頂上安置多火炬，夜照海艘，以便認識港涯叢泊。」後世的考古學家赫爾曼・蒂爾施（Hermann Thiersch），更是憑藉史料，還原這座燈塔鼻祖的樣貌。復原圖中的亞歷山大燈塔高一百餘米，位於一個正方形的巨形塔基上，底部為長方體形狀的基座，中部是八角形的塔身，頂部是可以燃點燈火的圓柱燈室。如今，亞歷山大燈塔已經消失，它對後世卻有着深遠影響。研究燈塔的構造、信號和照明的科學，就取自亞歷山大燈塔名稱中的「Pharos」一詞，被歸類為「燈塔學」（Pharology）。

　　西元 1 世紀，古羅馬帝國修建海格力斯塔（Torre de Hercules），其設計沿襲了亞歷山大燈塔的構造。這座燈塔現位於西班牙，是世界

西班牙海格力斯塔（圖片來源：
Photograph by Wikipedia user: Alessio
Damato, 2007. Wikipedia Commons,
https://bit.ly/3H5eqJt, CC BY-SA 3.0.）

上現存最古老且仍在使用的燈塔。海格力斯塔的建造緣由，就是擔當
一座高大的地標建築，指引來往船隻。它坐落於一塊圓形基座上，塔
身呈方形，外側開有多扇長方形窗戶，塔頂設有可以燃火的燈室。燈
塔最初的名字是用拉丁語「Farum Brigantium」命名的，「Farum」源自
亞歷山大燈塔的「Pharos」。這是西方古燈塔不斷發展的一個重要印
記。其後，一座座的燈塔為往來地中海的船舶引航，而中西海上絲路
的貿易發展，又見證一座又一座燈塔的矗立。2009 年，具有近二千年
歷史的海格力斯塔，被聯合國教科文組織列入「世界文化遺產名錄」。

　　在海上貿易發展之下，阿拉伯商人往來於印度洋和紅海。根據波
斯帝國傳世的文獻記載，阿拉伯人在西元前就懂得利用三角帆、辨識
印度洋季風，向東航行。阿拉伯人載滿異域貨物的船隻沿着海路，到
達南海海上絲路的起點廣州。他們在這裏進行貿易往來，也將西方的

宗教和建築傳播到這裏。大約在北宋末年至南宋初年，回教教士在廣州建立懷聖寺光塔。塔身圓柱結構，高 36 米，筆直向天。南海海域上往來的船隻，便以光塔為地標，辨認通往廣州的航行方向。它是古代海上絲路的重要輔航建築，也是中西貿易文化往來的見證。另一方面，曾有說光塔也發揮過燈塔的作用，是否如此，本章的專題文章有詳細論析。

歷經唐宋的繁榮發展後，海上絲綢之路在明朝時期達到鼎盛。鄭和率領船隊七下西洋，從江蘇劉家港南下，經馬六甲海峽，過印度洋，遠抵東非和紅海。[3] 鄭和下西洋發展了明朝與東南亞和印度洋國家的貿易往來，更留下記錄沿途地理山川的《鄭和航海圖》，是世界上現存最早的中文航海圖集。全圖以南京為起點，繪製出航途上各國的城市、山脈等人文地理景象，對易致船難的礁石或淺灘和各處航行路線，也都繪製注明。鄭和航海，已經結合使用天文航海和地文航海。其一是借過洋牽星術，利用牽星板觀察某一確切星辰的高度，輔助確定船隻的地理位置；二是借航海羅盤導航，按其指示確定航行路線。海上絲路便一路見證着航行技術和輔航建築的發展。

二、東海絲路上的輔航建築

海上絲綢之路不止一條。穿行南海，西行至中亞、東非和歐洲的航線，是貿易來往最密切，也最為人所知的南海海上絲路。而起經渤海，至朝鮮半島，最終抵達日本的航線，也被歸為東海海上絲路。

自秦朝開始，東海絲路上就有船隻航行。星象、羅盤和海圖，是古人航海的重要法寶，[4] 觀星象得以知南北，測羅盤得以定航線。航行

3　海軍海洋測繪研究所、大連海運學院航海史研究室：《新編鄭和航海圖集》（北京：人民交通，1988），頁 6。

4　章巽：《中國航海科技史》（北京：海洋，1991）。

船隊攜帶海圖，上面繪製有沿海的山川景象和重要地標，標明各處地理位置名稱。資料詳細的海圖上還附有文字說明，注解啟航地點、途經的地理方向、終點位置。因古代航海靠羅盤（又稱水羅盤）確定方位，依據羅盤指標所測方向沿路航行，其航線被稱為「針路」。《鄭和航海圖》上，就繪有針路航線，以利航行之便。而夜晚航船，無法看清周遭環境，於是，繁忙的港口便在醒目的山頂建造高塔，夜裏點燈，照示夜航船安全航行。東海海上絲綢之路沿途也有古舊輔航建築的印記。

唐朝時期，中日交往越加密切，隨着宗教、文化的交流，走出一條東海絲路。據黃天的研究：

日本從舒明天皇二年（西元 630 年）至宇多天皇寬平六年（西元 894 年），前後共委出遣唐使二十次，最終成行的有十五次。他們早期的航線，取道北路，即從北九洲至對馬島，渡朝鮮海峽，沿朝鮮半島西岸北上，然後橫越渤海，抵山東登州，改從陸路往長安。這條北航線，主要是挨岸前行，風險甚低，故多能平安往返。

但西元 663 年，朝鮮半島上百濟與新羅相爭，百濟聯日攻打新羅，唐以新羅告急，出兵馳援。唐將劉仁軌和日本水軍戰於白村江。日軍潰敗，船毀兵歿，江水盡赤。這是中日首次交鋒，名為「白村江之戰」，結果日本敗北。雖然如此，向來崇拜強者的日本，對大唐只會倍加敬畏，依然派出使節，詣闕朝貢。反而他們與新羅宿怨未清。新羅得大唐之助，擊敗百濟，入主半島，日本使船難再借道半島的岸邊，故被迫棄北路，改走南路。

南路的航線，是由大阪（當時稱難波津）出發，穿過瀨戶內海至北九洲，泊福岡然後經平戶島南下長崎縣，在幾乎可以遙望中國的五島列島下碇，作最後補給，揚帆橫渡東海，逕赴明州

（唐朝指定接待港，即今之寧波）。靠岸後，轉騎驛馬上長安，覲見天子。[5]

以當時的航海技術，橫渡東海，並不安穩，常有海難事故。日本承和六年（839年），歸航的遣唐使船共九艘，唯獨第二號船迷路漂航，日本的大宰府號令五島列島各臨海村鎮，幫助搜尋，並於晚間燃點篝火，以助迷船知返。[6] 日本鎌倉時代（1192-1333年），位於大阪灣邊的住吉大社建立了住吉高燈籠，被認為是日本最古老的燈塔。燈台底部是白色，中部黑色，頂部是藍色屋簷的亭式燈籠，四角各懸一枚鈴鐺。

燈台最初建於河道旁，高大的塔身挺立在低矮屋舍之間，是住吉大社的常夜燈，成為出入大阪灣船隻的導航建築物。當然，那個時代還沒有「燈台」（燈塔）之稱，人們仍稱它為「住吉高燈籠」，卻起着燈塔的功能。江戶時代，大阪和各地的航運發展蓬勃，這座「燈台」的作用更大。往來這片水域的舟船，白日夜間都可遙望高大的燈台，辨別船舶航行方位。這一方方小小的燈塔，照亮海上絲路的航船，同時也見證了中日兩國的往來交流。1879年，五島的斷崖上新亮了一盞現代大瀨崎燈台，瞭望東海，延續海中照亮之光。

在中日海上交流歷史中，鑒真東渡，又將大唐的建築、雕塑、醫藥、書畫、漢文學帶去日本，建唐招提寺於此，弘揚佛學於東亞地區。《東征傳繪卷》裏，詳細描繪了鑒真東渡六次，終抵達日本的艱難險阻。838年，日本僧人圓仁又隨遣唐使到中國求法，用漢文寫作《入唐求法巡禮行記》，記錄了他西行入唐的路線，以及在大唐各處尋訪求法的足跡經歷。這些都是中日海上絲路往來的印記。

5　黃天：〈日本遣唐使再起錨〉，《信報月刊》，2010年7月號，82頁。

6　西脇久夫編：《燈台風土記》（東京：海文堂，1980），172頁。

鑒真欲乘船東渡日本（圖片來源：《東征傳繪卷》）

三、香港的舊時輔航印記

　　香港是南下海上絲路的一個重要地點。也許有人質疑香港在歷史上就海上絲路的參與究竟有否發揮作用。黃天便引出羅香林的研究。據《新唐書》卷四十三〈地理志〉謂：「廣州東南海行二百里，至屯門山。」又引《嶺外代答》：「三佛齊之來也，正北行，歷上下竺、與交洋，乃至中國之境。其欲至廣者，入自屯門；欲至泉州者，入自甲子門。」羅香林下結語：「夫自廣州出海，既必自屯門揚帆，而自外國至廣，又必入自屯門，則屯門昔時為廣州海上交通之外港，不言而喻。」[7]

　　位於新界屏山的聚星樓，始建於 14 世紀中後期，是香港唯一一座現存中式古塔。整座塔以青磚砌成，六角翹簷塔身，原高七層，因遭暴風吹襲，現只餘底下三層。塔的底層開長方形入口，往上兩層正面有拱門形或圓形開口，相鄰兩側均有小型正方形開口。在《鄧氏族譜》中的《屏山鄉全圖》，聚星樓記作「文塔」，向西朝向，立於河灘，顯然是一座地理輔航建築。

　　除聚星樓外，新界西貢清水灣半島南部的大廟灣還有一尊大廟灣刻石，記錄了香港的另一座輔航建築。大廟灣刻石刻於南宋度宗咸淳十年（1274 年），是香港最早有紀年的石刻。刻石石面朝南，長約 10 尺，高約 5 尺，厚約 5 尺。石上刻有 108 字，共 9 行，每行 12 字，其中有一字模糊不清，已難辨認。刻文記載了來自開封的鹽官嚴益彰與友人到南北佛堂門遊覽的事跡，南佛堂與北佛堂兩處廟宇的歷史關係，更清楚提及建於北宋真宗大中符福五年（1012 年）的一座南堂石塔。

　　相傳，南堂石塔位於現今東龍洲北岸。《竹園莆崗林氏族譜》中的一段文字，則佐證了南堂石塔的存在及地理位置。資料顯示，福建

7　　羅香林：《一八四二年以前之香港及其對外交通：香港前代史》（香港：中國學社，1959），1頁、2頁、8頁。

左 ：聚星樓現狀
右 ：簡又文著《九龍宋皇臺遺址碑》拓本
　　（圖片來源：Hong Kong Baptist
　　University Library Art Collections,
　　https://bit.ly/3xBfstI，瀏覽日期：
　　2022 年 6 月 10 日）

九龍宋皇臺遺址碑記

宋皇臺遺址在九龍灣西岸，原有小阜，名聖山者，巨石巍峨，嶔峙其上，西面橫列元刻「宋王臺」勝書，旁綴「清嘉慶丁卯重修」七字。一九一五年，香港大學教授賴際熙籲請政府劃地數畝，永作斯臺遺址。港紳李瑞琴贊勷其事，捐建石垣繚焉。迨日車碾港，擴築棧場，爆石裂而為三，中一石摩崖諸字完整如故。香港光復後，有司仍本保存古蹟之旨，拓就機場之西南，距原址可三百尺，闢地建園，周繚以石，名曰「宋皇臺公園」，移置巨石其上，非復舊觀矣。其十二月，元兵襲秀山，丁洞中駐蹕於九龍。故名宋皇臺者，蓋以景炎二年春入廣州，沿二月舟次於此故也。

考宋皇臺遺址，本屬廣州府新安縣地，宋時則屬廣州府東莞縣也。端宗正位福州，以元兵追迫，從眾入海，由是而明清，而廣州府新安縣，宋時改屬廣州府。景炎二年春入廣州，沿二月舟次，六月移蹕古塔，九月進駐，嘗建行宮於此，世稱宋皇臺。或謂端宗每每來游，而潮州而惠州之甲子門，以景炎二年春入廣州。

正位梅蔚，四月進駐廣州之淺灣，即今之荃灣也。十月，元兵襲擊，乃復乘舟遷於秀山，盡居邑趙氏墓前大道口，宋皇臺道，稱皇臺，其正名也。西夏同為九州南園盡之。元兵一寸土，宋皇公氏墓相傳楊太后晉國公主入海。

閩六月，有宗一代，迭興西夏復同，其地得後乃散居，各邑趙氏墓相彰，可楊太后遺死晉國公主入海，即聖山之西南也。

方端元宗之湣，離播越，以奉宗室，王昺同次，其名及其北有金夫人墓，相傳楊太后，亦節死，云是皆有關斯臺。

沿水至是鑄金身以葬宗弟，衛王昺之侯王廟，則東莞陳伯陶聞碑文，疑為楊太后弟，又文撰文台山趙超書丹而選材監刻力。

匡復興宗後史之，認君臣所殘者甚名，及北有全夫人墓相傳楊太后亦節死云是皆有關斯臺。

祀昭忠也，至白鶴山之遊仙巖畔，有交椅石據故老傳聞，端宗又設行朝以此為御座。云是皆有關斯臺。

史蹟回并及，以憫考證，一九五七年歲次丁酉冬月，新會簡又文撰文，台山趙超書丹。

功建碑復刊行專集以垂留記念者，則香港趙族宗親總會也。

一九五九年香港政府立石

莆田林氏兩兄弟沿海通商，所乘船隻在佛堂門海域外遇暴風雨沉沒，幸抱住海上守護神林默娘的木像漂浮，最終平安上岸，並於石塔下建廟，供奉林默娘；後來因香火鼎盛，則在對岸另立一廟供奉，即今日北佛堂天后廟。這段故事確認了古塔的存在，更暗示林氏兄弟漂浮海上，憑石塔方向指引，尋岸登陸。位於宋皇臺港鐵站旁的《九龍宋皇臺遺址碑》，也載有這座石塔的蹤跡。據碑文記載，南宋末年端宗趙昰與少帝趙昺乘船逃難，於景炎二年（1277 年）某日在一座古塔休息。歷史學家簡又文教授在考證後得出，此石塔即為南堂石塔的結論。由此可知，香港水域在宋朝時就已出現輔助古人航海的建築地標。

四、中式古代輔航建築的落幕

中國的海上絲綢之路，自漢代形成以來，歷經朝代變換，一路發展繁榮。一座座古式高塔，在海上貿易的發展之下，分建於中國沿海的海岸線上，照亮海上絲路的船舶。這些中國本土建立的高塔，最大特點在於融合了宗教信仰，多為儒釋道風格的建築。後來的海圖上，也可以看見這些中式燈塔的印記。

福州的羅星塔建於宋朝，位於福州三水匯合的江心山頂。這是一座七層八角佛塔建築，每層塔身外牆有數個方形小口，一層正門朝西，三、五、七層各設向東和向西開口的拱門，二、四、六層則為向南和向北開口的拱門。錯層的開口設計，是為了抵禦颱風對塔造成的破壞。從塔門而入，可登螺旋樓梯向上，每層塔身外又設迴廊勾欄，可倚杆遠眺江海。塔頂長燃燈火，照亮江中行船。由於此處水文環境複雜，暗礁潛藏，羅星塔便是附近行船的航標燈。海上絲綢之路的絲綢、茶葉貿易，讓羅星塔在國際上享譽盛名。前往中國沿海貿易的外國商船，在江中遠遠望見此塔，便知已近福州，並稱呼羅星塔為「中國塔」。在詹姆斯·巴特（James Henry Butt）所繪的圖景中，也可窺得此塔的壯麗挺拔。

　　然而，隨着時代變遷，古代的輔航建築逐漸在科技的高速發展下走向幕後。在 1868 年（同治七年）清朝皇家海關總稅務司成立以前，導航設施在中國沿海一帶都是比較原始和罕見的。在 18 至 19 世紀期間，只有澎湖群島西側的漁翁島西南盡頭，立有唯一一座中國傳統導航設施——西嶼塔燈。它的塔身在建造上融合了中國天人合一的儒釋道文化，以及水上人信仰的觀音和媽祖神話，從福建南下的船隻，往往就要途經這座位於台灣海峽附近的古塔。[8]

　　1779 年，西嶼塔燈建成亮燈，採用了傳統的中式佛塔形制，寓意佛光普渡苦海，福佑往來眾生。整座塔高約七丈，是七層的八角佛塔，中間四五六層外牆交錯砌有十二尊護神浮雕，塔頂是八角攢尖頂，其上置有一石葫蘆，其下是七扇玻璃窗圍繞而成的燈室，內置油燈發光，燈光可在遠處的海面看見。佛塔前面，建有一座天后廟宇。澎湖馬公城隍廟的住持，負責選派僧人前往西嶼管理佛塔建築群。[9]直到 1875 年，西嶼新修了一座洋式燈塔，舊式的西嶼塔燈隨後被拆除，從此沒入了歷史的塵埃。

　　古燈塔見證了海上絲路的貿易文化交流，卻也抵不過科技進步、地理變遷。聲名遠揚的光塔，其輔航作用逐漸消失。指引往來福建與台灣船舶的西嶼塔燈，更是完全被現代洋式燈塔取代，獨留一張舊時照片。原本位於河流沿岸的聚星樓，也在城市化發展歷程中，為四周民居屋舍所環繞，立於平地馬路旁。林立的高樓大廈，暗示這些曾經高大的古塔建築，已不復當時雄偉。中式古代燈塔落幕，近代洋式燈塔正向世界走來。

8　　Foster Hall, B. E. & Bickers, R. A. (2015), *The Chinese Maritime Customs: An international service, 1854-1950*. UK: University of Bristol, p. 4.

9　　張洋培：〈旋光迴轉照暗岬〉，《故宮文物月刊》第一卷第十二期（1984 年），頁 84。

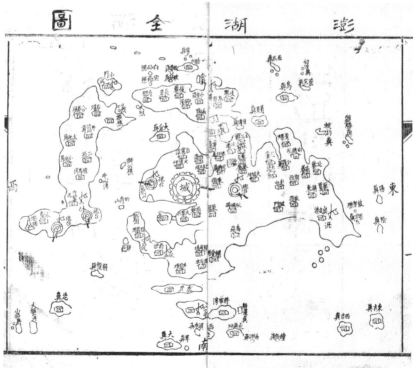

上　：澎湖西嶼塔燈還原圖（圖片來源：燈塔項目團隊製作）

下　：澎湖全圖（圖片來源：摘自《澎湖廳志》一書，現典藏於東海大學）

專題一　論析廣州光塔是否有發光、
　　　　起過燈塔的作用？

黃天

　　廣州光塔，是著名的古建築，也是伊斯蘭教的重要文化遺產。但其始建年代，有不同的論説。同時，它是否有過燈塔的作用，也是有存疑的。

一、光塔的始建年代

　　光塔亦名懷聖塔，緣於光塔營建於懷聖寺院內。相傳唐初，有天方貴客宛葛素帶同從人護送《可蘭經》，乘船到廣州傳教。據説，宛葛素是伊斯蘭教貴聖穆罕默德的母舅。後來，他在廣州的蕃坊倡建「懷聖寺」，以表示遠懷貴聖穆罕默德。同時，亦建造懷聖塔（光塔）。其年代有説是唐貞觀元年（627 年）；也有説是貞觀六年（632 年），亦有作開元二十九年（741 年）之説，而最後的一種説法是南宋。

　　筆者曾讀宋朱彧撰著的《萍洲可談》，其內有詳細介紹廣州蕃坊之事，對論證懷聖寺和光塔的建造年代，起着啟示作用。

　　《萍洲可談》著者朱彧，北宋湖州烏程人。是書約撰成於 1119 年，大部分內容是朱彧記其父為官的見聞。朱彧的父親朱服，與王安石、蘇軾同時代人。朱服是熙寧六年（1073 年）進士甲科，曾任國子司業、起居舍人等職，後入嶺南知廣州。[1]

　　通過《萍洲可談》沒有關於光塔的記述來論證，光塔的始建年代，最早也得在 1102 年以後，更大可能是在南宋初年。

1　（元）脱脱等：《宋史》卷三百四十七（北京：中華書局，1997）。

清康熙年間修建的廣州懷聖寺燈塔現貌

二、廣州光塔曾否發光及充當燈塔

　　距朱服南來廣州約一百年後，方信孺亦調到嶺南任官，其後著有《南海百詠》。

　　方信孺字孚若，福建莆田人，生於南宋淳熙四年（1177 年）。《宋史》有傳，記方信孺於開禧三年（1206 年），受命出使金國，談判「和議」。方膽識過人，能言善辯，卻被關於獄中，以利刃威脅，方神色不改，據

理力爭。經春歷秋，使金三往還。金國元帥元顏宗浩，也佩服其膽智，只好對方信孺虛與委蛇。只可惜忠臣多被奸臣害，曾面斥金邦群臣「辱命亦死，不若死於此」的方信孺，最終被陷害彈劾，輾轉貶謫至番禺。[2] 這就是方信孺南來的經緯。

《南海百詠》取古蹟每一事為七言絕句，詩前有注文，解釋其顛末。其中記光塔的詩文，照錄如下：

番塔始於唐時，曰懷聖塔，輪囷直上，凡六百十五丈，絕無等級。其穎標一金雞，隨風南北。每歲五、六月，夸人率以五鼓，登其絕頂，叫佛號以祈風信，下有禮拜堂。

半天縹緲認飛翬，一柱輪囷幾十圍；

絕頂五更鈴共語，金雞風轉片帆歸。[3]

〈番塔〉詩最值得注意的是「始於唐時」一句，但就沒有說明、解釋，後人皆摭拾為據，將光塔奉為唐代的建築，同時亦抄襲「輪囷」一詞。「輪囷」，作高大解。「凡六百十五丈」，已知是「凡一百六十五尺」之誤。《廣東新語》作「十六丈五尺」，[4] 今人所記，光塔高度為 36.3 米。[5]「其穎標一金雞」，穎作尖頂解，意指光塔頂端以一金雞作標示。該金雞隨風向而轉，是測風向的風標，俗稱「風向雞」。「夸」同夷。每年五、六月的夏季，阿拉伯商船乘季候風之便，紛紛來到廣州。住在東蕃坊的阿拉伯人（夸人），於五更登上光塔頂，高聲呼喊，求神庇佑，好風相送。

這裏必須強調：《南海百詠》的注解和詩句，完全沒有提到光塔有過

2　　（元）脫脫等：《宋史》卷三百四十七（北京：中華書局，1997）。

3　　（清）阮元：《南海百詠》（南京：江蘇古籍，1988），20 頁。

4　　（清）屈大均：《廣東新語》，501 頁。

5　　陳乃剛：《嶺南文化》（上海：同濟大學，1990），106 頁。

舉火或放光的活動。

　　與方信孺同時代人岳珂（1183 至 1234 年），是名將岳飛之孫。他的父親岳霖，於宋光宗紹熙年間任廣州監軍。岳珂隨父至穗，對廣州事務有所見聞。後來，他著有《桯史》，[6] 其中〈番禺海獠〉[7] 記有懷聖寺和光塔。茲摘錄有關光塔部分：「後有窣堵波，[8] 高入雲表，式度不比他塔，環以壁為大址。累而增之，外圜而加灰飾，望之如銀筆。下有一門，拾級而上，由其中而圜轉焉如旋螺……歲四五月，舶將來，群獠入於塔，出於竇，啁哳號呼，以祈南風，亦輒有驗。絕頂有金雞甚巨，以代相輪，其一足為盜所取，卒不能補，以至今。」[9]

　　岳珂的記敍沒有提到始建期，更沒有說到建於唐代。其餘塔高入雲，在夏季船舶將至，阿拉伯人登上塔頂，高聲誦經祈禱等，和《南海百詠》所記相同，也記塔頂裝有金雞，並有一足被盜去等。至於塔上舉火放光之事，亦一概無聞。

　　懷聖寺在元至正三年（1343 年）毀於火，至正十年（1350 年）重建。後來，明成化四年（1468 年）和康熙年間也曾修建懷聖寺。至於光塔，一直保存完好，屹立羊城江邊近一千年。

　　南宋以後，歷代記光塔的著作和志書不少，著名的有清初屈大均《廣東新語》，內云：「一曰光塔，在懷聖寺，唐時番人所建，高十六丈五尺。其形圓，輪囷直上，至肩膊而小，四周無楯欄、無層級。頂上舊有金雞，隨風南北。每歲五月，番人望海舶至，以五鼓登頂呼號，以祈風信。洪武

6　《桯史》十五卷，附錄一卷，一百四十餘條，大部分記敍宋代朝政得失和士大夫軼聞，間加評論。參見香港商務印書館出版《辭源》，855 頁。
7　獠是指雜居於廣州的阿拉伯人。過去常有大中華思想，將外國人稱為夷人或南蠻等蔑稱，而獠也是其中一種貶稱。
8　窣堵波，梵語，佛塔之意。
9　黃佛頤編纂，仇江、鄭力民、遲以武點注：《廣州城坊志》（廣州：廣東人民，1994），340 頁。

間，金雞為風所墮，乃易以風磨銅蒲盧，上有榕一株，白鶴樓之。」[10]

屈大均所記，部分襲自《南海百詠》，補上金雞墮毀，易以「風磨銅蒲盧」（葫蘆），但也沒有塔頂舉火放光的記述。

雍正八年（1730 年），南調嶺南題補惠州知府、後遷廣東按察使的張渠，撰有《粵東聞見錄》，其中〈花塔、光塔〉條，對光塔的描述亦如上，沒有載塔頂放光，卻有如下值得玩味的描述：「中秋夕，城中兒童為塔燈，累碎瓦為之，象花塔者燈多，象光塔者燈少。」[11]

中秋節，兒童愛提各式花燈，或點燈為戲。他們累瓦疊砌城中具代表的古蹟名勝。花塔[12]和光塔是羊城著名雙塔。小孩按雙塔形來累砌，然後點燈為樂，花塔燈多、光塔燈少，原因是光塔外牆光滑，不似花塔分層明顯，可在各層掛燈，此乃真實的反映。

被譽為研究廣州歷史文化必讀的著作《羊城古鈔》，輯纂者仇巨川乃清乾、嘉年間生活於順德的學人。考《羊城古鈔》有兩處專記光塔，亦沒有作為燈塔之用。

其一引《廣州府志》，講述光塔上的金雞，於洪武二十七年（1392 年）為颶風吹墮後，至萬曆庚子（1600 年）重修，易以葫蘆。康熙八年（1669 年），再遭颶風颳走。[13]

其二是〈光塔〉條，內記：「花塔、光塔為一城之標，形勝家常謂會城如大舶，二塔其檣，五層樓其舵樓云。」[14]

廣州回族聯誼會副會長馬志斌曾對光塔撰文解釋：「據回族阿訇長老

10　（清）屈大均：《廣東新語》，501 至 502 頁。

11　（清）張渠：《粵東聞見錄》（廣州：廣東高等教育，1990），35 頁。

12　花塔矗立於六榕寺。據說寺和塔皆建於南朝梁武帝年間，塔為「舍利塔」。宋初，塔毀於火，後世歷次重建。今塔高 57 米，外面九層，內面十七層，八角形，顏色絢麗，姿彩如花，故習稱為「花塔」。

13　（清）仇巨川纂，陳憲猷校注：《羊城古鈔》（廣州：廣東人民出版社，1993），256 頁。

14　同上，600 頁。形勝家即堪輿家，俗稱風水先生。會城，指廣州。意即風水先生說廣州如同一艘巨舶，光塔和花塔就似兩枝桅檣，而五層樓則是船樓。

的解釋，『光』有二義，一是波斯語（音『邦克』）的譯音轉化為文字，是傳呼之意，光塔是傳呼禮詞之塔。穆罕默德建伊斯蘭教之初，為了區別於猶太教、基督教等以撞鐘召喚教徒來祈禱，用登高唸誦呼禮詞來召喚穆斯林；因而凡清真寺不建鐘樓而建呼禮塔樓。它是清真寺必備的建築物。……二『光』的第二義，是因塔身無裝飾，光禿禿的，與佛教塔身有裝飾之花塔截然不同，故稱光塔。」[15]

　　由伊斯蘭教長老來詮釋光塔名稱的來源及其功能，是最權威不過的。自清末至近今，介紹廣州光塔的書刊絕大部分都沒有提及光塔有點火放光的見聞，如民國年間倪錫英撰寫的《都市地理小叢書——廣州》，便沒有該等描述。[16] 又文史專家、詩人徐續，著有《嶺南古今錄》，在〈光塔與天方來客〉條內，僅引《南海百詠》和說出「邦克」與「光」是一音之轉。[17] 還有陳澤泓〈廣州古塔述略〉、[18]《嶺南掌故》等，[19] 皆不涉燈塔之功能。

　　以上提到的絕大部分書刊都沒有有關光塔的舉火放光記事，但亦有某些文字觸及此事。筆者翻查《廣東文物》，有李景新撰〈廣東之國際交通史〉，其內有關於光塔的描述如下：「光塔又稱番塔，蓋指番客所建，故名。顧何以又名光塔，吾以為該塔常於夜間發出燈光，故市民稱之曰光塔。」[20] 這完全是望文生義，見有「光」字，推而想之，認為夜間發出燈光，故稱光塔。儘管如此，李景新還是沒有說光塔是帶有導航作用的燈塔。

15　馬志斌：〈關於「廣州回族的形成」諸問題的商榷〉，《羊城古今》總 35 期（1992 年 10 月），23 頁。

16　倪錫英：《都市地理小叢書——廣州》（南京：南京，2011），98 頁。

17　徐續：《嶺南古今錄》（香港：上海書局，1984），23 頁。

18　陳澤泓：〈廣州古塔述略〉，《羊城古今》第 5 期（1990 年）。

19　鄧端本、歐安年、江勵夫、麥國良：《嶺南掌故》（廣州：廣東旅遊，1997），下卷，362 頁。

20　李景新：〈廣東之國際交通史〉，載簡又文：《廣東文物》（上海：上海書店，1990），350 頁。

　　考唐、宋二朝，留居廣州的阿拉伯商人，以蒲姓為最富。[21]據姜永興引《廣東蒲氏家譜‧蒲氏初四世太祖太中大夫公傳》，以證光塔之建：「（初二世）叔祖瑪哈咮、瑪哈嗼二公倡築羊城光塔，俾晝則懸旗，夜則舉火，以便市舶之往來也。公特捐巨金，贊成甚力。」[22]

　　這部《廣東蒲氏家譜》，又稱《南海甘蕉蒲氏家譜》（下稱「家譜」），是上世紀八十年代廣東省民族學會訪查得來，經研究，證是初輯於明萬曆四十七年（1619 年），清道光二十八年（1848 年）再輯，光緒三十三年（1907 年）重修。[23]《家譜》內所記：「瑪哈咮、瑪哈嗼倡建羊城光塔。」瑪哈咮、瑪哈嗼在《家譜》中未見立傳，[24]其倡議建「羊城光塔」，是由瑪哈咮、瑪哈嗼的侄孫蒲氏四世祖柏喱咕啪（即蒲壽晟、蒲壽庚之父）所憶述，而將之記入《家譜》，是在初輯的萬曆四十七年（1619 年），距倡議建塔時隔三百多年，然後又經光緒二十八年再輯，光緒三十三年重修，其鉅細是否真確，轉述有否錯漏，不無疑問。

　　據姜永興的結論，除認為懷聖寺是唐代建築，光塔則建於南宋紹興後期至淳熙年間外，更指出：「光塔的功能價值首先是導航與觀測風向，然後才是為宗教所用。」[25]

　　然而，《家譜》所記：「晝則懸旗，夜則舉火，以便市舶之往來。」似有燈塔之功能，但仍有商榷之處：

　　一、《家譜》遙記先祖之言，談倡建光塔，晝則懸旗，夜則舉火，以便市舶之往來。但這與回族長老解釋伊斯蘭教建呼禮塔有明顯差異；

　　二、儘管倡建目的是懸旗舉火，便於市舶往來，但光塔建成後，究竟

21　黃佛頤編纂，仇江、鄭力民、遲以武點注：《廣州城坊志》，339 頁：「番禺有海獠雜居，其最豪者蒲姓」。

22　姜永興：〈懷聖寺、光塔是分建於唐、宋兩代的建築物〉，《羊城古今》第 3 期（1988 年），12 頁。

23　同上，14 頁注釋 5。

24　同上，12 頁。

25　同上，14 頁。

有沒有實行過？因為其他典籍如《南海百詠》、《廣東新語》、《羊城古鈔》等，更加上〈重修懷聖塔寺記〉，均沒有提到「懸旗舉火」，反而十分關注風標——金雞的下落；

　　三、「懸旗舉火」，是古代邊塞海防傳遞軍情的行動，有十分嚴格的規管。外國蕃坊的光塔能否獲得批准，可以自行懸旗舉火，是一大疑問。

　　除了以上《蒲氏家譜》談到關於懸旗舉火的一鱗半甲外，另有撰成於道光二十九年（1849 年）的《南海百詠續編》。著者樊昆吾，鐵嶺（今瀋陽）人，卻長居穗城。樊氏參照方信孺《南海百詠》體例，作七言絕句，並加詩注，成《南海百詠續編》。其中卷二〈佛寺〉編有〈懷聖寺〉詩：

> 望海須登最上層，金雞晝轉夜燒鐙；
> 誰將懷化訛懷聖，壁有豐碑信可憑。

　　雙行詩注：「寺有番塔，高十六丈有奇，輪囷直上，絕無等級，形如酒舺（同瓶），唐時回人之望海表也。塔巔有金雞，隨風可轉，以驗颶母消息。夜則燃火以導歸帆……」[26] 這裏有兩處提到光塔於夜間燃火，一是詩句中的「金雞晝轉夜燒鐙」；二是詩注「夜則燃火以導歸帆」，看來是光塔曾用作燈塔的有力憑據。但筆者查閱同時代的著作，卻沒有「燃火導航」的敘述。

　　美國人威廉‧亨特（William C. Hunter），在 1825 年十三歲那年來到廣州，加入美商旗昌洋行，一直至 1844 年才返回美國，在廣州生活長達二十年，是當時懂得使用中文的幾個外國人之一。他晚年撰寫了兩本回憶錄，分別是《舊中國雜記》（ Bits of Old China ）和《廣州「番鬼」錄》（ The Fan Kwae at Canton ），是研究廣州和十三行歷史的重要著作。亨特對光塔

26　樊昆吾：〈懷聖寺〉，《南海百詠續編》卷二，道光己酉（1849 年）。

有親歷的描述：

　　清真寺的旁邊聳起一座圓錐形的尖塔，是很樸素的石建築。它腳下的泥土逐漸上侵，現在第一層已經在地面之下。其餘的部分，從原來開着用來採光透氣的口子，可以看出共有六層。塔的頂端長着一兩棵強壯的樹。這塔完全無法攀登，我們從大門的上半部望進去，看到裏面整個塞滿了亂石和垃圾。這是一個眾所周知的事實：在廣州的人口中，除了曾有猶太人之外，還曾有不少回教徒。猶太人我們常常可以在街上遇到，他們的樣子一看就認得出。[27]

　　從亨特的親歷來看，當時（鴉片戰爭前後）廣州的光塔已呈半廢置狀態。其實，自明以後，西來廣州貿易的商舶，阿拉伯商人已逐漸被葡萄牙、荷蘭、西班牙、英國、法國、丹麥等的大風帆所取代。而在鴉片戰爭前，清朝對十三行的外商有很嚴格的管理，所有外洋船隻，都要靠泊在黃埔。[28] 因此，廣州光塔的地標作用便大為降低，反而黃埔塔（即琶洲塔）和獅子洋附近的蓮花塔，更加是洋船過了虎門以後最受注目的寶塔，[29] 而當亨特遊罷澳門，乘內河船回到廣州，筆下的景色：「駛過西炮台不久，我們看見了省城的萬家燈火；晚上八時，我們高興地發現又回到了『老廣州』。」[30]

　　看來，光塔的「夜則燃火以導歸航」僅是詩意，其真實性不能不令人生疑！

27　亨特著，沈正邦譯，章文欽校：《舊中國雜記》（廣州：廣東人民，1992），213 至 214 頁。

28　威廉‧C‧亨特著，馮樹鐵譯，駱幼玲、章文欽校：《廣州「番鬼」錄（1825-1844）》（廣州：廣東人民，1993），2、10、74、78 頁。

29　亨特著，沈正邦譯，章文欽校：《舊中國雜記》，209 頁。

30　威廉‧C‧亨特著，馮樹鐵譯，駱幼玲、章文欽校：《廣州「番鬼」錄（1825-1844）》，63 頁。

近代燈塔知識的
東傳與發展

人類借助船隻探索汪洋大海，指引航船的燈塔也從傳統走向現代。工業革命以後建造的近代燈塔，燈源、透鏡以及帶動燈器運轉的機械裝置，都在科技進步下慢慢演進。近代燈塔從最初的燃點油燈，演變成現在的 LED 燈；燈室裏放置的普通透鏡，也改進成菲涅耳透鏡；燈器旋轉由人工作業轉為電力，最終發展成太陽能。一份在香港出版的報刊《遐邇貫珍》，將西方的先進燈塔知識和造船技術傳播到東亞各國，掀起燈塔建造熱潮。沿海諸多燈塔連成一片，為航海人築起一張安全網，用燈光、霧號和旗號，指引他們在無際的藍色海洋裏，準確地定位航行。

一、近代燈塔知識和造船技術的傳播

18 世紀中葉，歐洲爆發工業革命，機器生產逐漸替代手工勞動，生產和消費需求擴大，促進全球貿易的流通發展。[1] 木頭帆船的航行速度和安全性逐漸無法滿足遠航的需求，迫切需要建造速度更快的船隻，測繪更精細的海圖，規劃更安全的航線，建造設計更強大的輔航設施，近代燈塔和造船技術在西方應運而生。

1853 年 8 月，香港英華書院出版了香港第一份中文報刊《遐邇貫珍》，介紹西方的學說、歷史、文化、科學和技術。這份最早的資訊性中文報刊，在各大通商口岸廣泛傳播，甚至成為日本獲取西方知識的重要資料來源。自幕末時代（1853-1868）以來，日本知識份子閱讀謄抄《遐邇貫珍》，學習西方先進科學技術。日本佐賀縣立圖書館還藏有《遐邇貫珍》的珍貴手抄本。[2]

1856 年，《遐邇貫珍》刊登了一篇名為〈照船燈塔畫解〉的文章

1 埃里克・霍布斯鮑姆著，梅俊傑譯：《工業與帝國：英國的現代化歷程》（北京：中央編譯，2016）。

2 黃天編：《〈遐邇貫珍〉香港史料類鈔》（香港：中華書局，2020）。

橫瀾島燈塔各部位構造剖面圖圖解

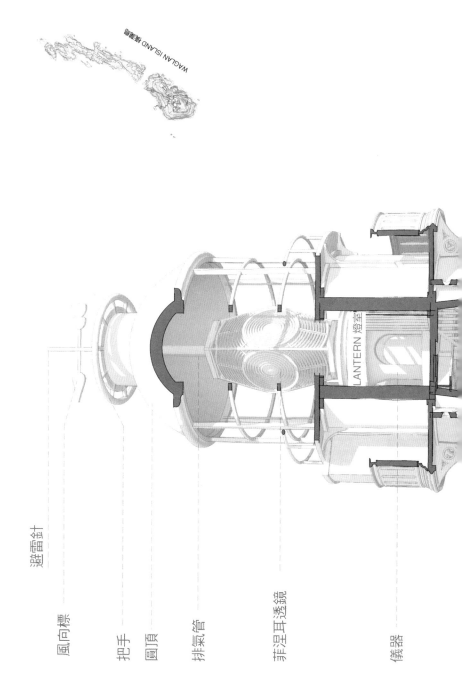

WAGLAN ISLAND 橫瀾島

避雷針

風向標

把手

圓頂

排氣管

菲涅耳透鏡

LANTERN 燈室

儀器

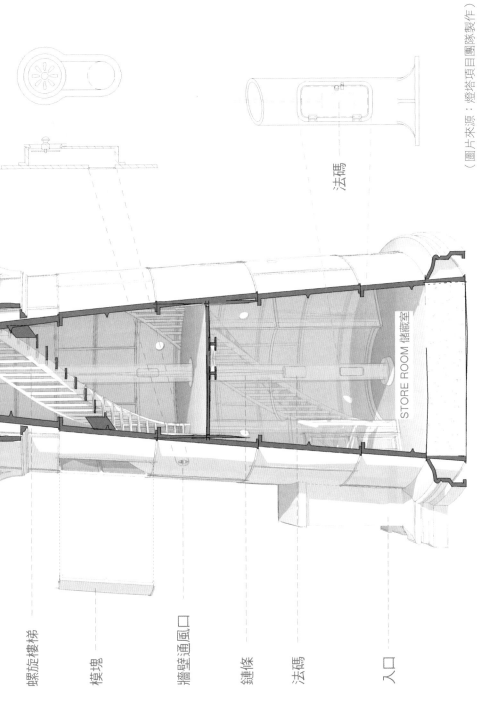

STORE ROOM 儲藏室

螺旋樓梯

模塊

牆壁通風口

鏈條

法碼

入口

法碼

（圖片來源：燈塔項目團隊製作）

約 1841 年的尖沙咀九龍炮台近景，可以看見中式帆船和數艘貿易商船
（圖片來源：《香港的蛻變》圖冊）

和一幅「海中照船燈塔」插圖，介紹西方燈塔的創新建造技術和運作
模式。[3] 船行海上，易受突出水面的石頭或暗礁困擾，誤觸常致船破貨
毀，人員傷亡。為此，西方諸國在所屬洋面險要之礁石處，建燈塔一
座，夜間塔頂燃燈，以供夜航船遠望辨認，提前趨避水域危險。另
外，每座燈塔還會採用不同的燈光顏色、閃光或旋轉頻率，航船可憑
藉燈光來區別不同燈塔，定位船舶的位置所在。為了維護和管理燈

3　〈照船燈塔畫解〉，《遐邇貫珍》第四卷，第五號（1956 年 5 月）。

塔，政府派遣專職人員輪流日夜看守，並根據船舶的噸位向船主抽稅。

此刊同期另有〈貨船畫解〉一文，介紹近代造船技術。文中指出，英國當時新造發明的貨船，船身巨大，可承載 2,720 噸貨物；貨船可靠風帆行駛，光船帆就用布一萬五千尺，無風時亦可燒煤用蒸汽機驅動，每小時可行五十四里。[4] 不管是船載重量或航行速度，都遠非中國傳統靠風力和船槳推動的船隻能夠相比。

《遐邇貫珍》的創辦發行，帶動西方近代燈塔和造船技術向東亞傳播，為香港在內的東亞近代燈塔的發展起到啟蒙作用。西方燈塔的建造和功能，逐漸傳到東方，從而取代古代燈塔，於是西方的近代燈塔，便在全世界海洋上連成網絡。

二、近代燈塔的塔身特色

西學東漸，洋式燈塔逐漸開始在中國沿海亮相，一燈即可遠照周圍一二十海里。1865 年，澳門建成了中國海岸第一座近代燈塔，即東望洋燈塔。近代燈塔大多和東望洋燈塔一樣，有着高大的圓柱形塔身。倘若細加查看，又會發現每座燈塔都獨具特色，各有千秋。

燈塔的設計，往往和地域特色或建立時間有關，建造材料也根據工程選址、施工環境，以及科技發展的不斷演變，發展成石材、磚材、鑄鐵、鋼鐵架及鋼筋混凝土等五種。早期的燈塔採用石材建造，具有抗風和耐腐蝕的優點。香港最早建成的鶴咀燈塔和舊青洲燈塔，就是就地取材，採用香港盛產的花崗岩建造而成。但因岩石笨重，而且不易切割，故後期改以磚石建燈塔。

鋼鐵時代到來後，鐵成為了建造燈塔的新材料。銑鐵被壓縮成一片一片的鐵皮模組塊，可以在加工廠直接組裝，測試完成即可運送到

4　〈貨船畫解〉，《遐邇貫珍》第四卷，第五號（1956 年 5 月）。

燈塔的選址地，進行施工搭建。經過加工的鐵塊模組耐侵蝕，不會變形，組裝簡單，方便搬運，即使長途運輸，也能安穩到達。香港遠在東南方小島上的橫瀾島燈塔，就是鑄鐵式燈塔。鑄鐵之後，再發展到以鋼或鐵為骨架，然後構建成的燈塔。這種框架式燈塔的塔基岩盤較小，建造成本低，燈籠洲燈塔就是其中之一。及至近代，鋼筋混凝土成了使用最多的燈塔建造材料，因可塑性高，容易建造成方形、圓形等形狀多樣的燈塔。

　　倚山臨海的各式各樣燈塔，除建造材料和外形設計不同外，又會在白色塔身上飾以紅、藍、黑、黃等條紋，又或將塔頂、塔底塗成鮮明可辨認之色，用以相互區分。燈塔建成之後，還需專人定期維護、按時點燈，燈塔旁會建置供燈塔管理員工作與居住的房舍，形成了一個小型燈塔建築群。這些房舍的配色，往往也和燈塔的顏色遙相呼應，協調美觀。因此，燈塔設計需根據地形條件、氣候、水源等諸多因素，協調好整個燈塔建築群的構建佈局。

　　若燈塔遠離陸地，附近無水源，燈塔管理員居住的宿舍就要考慮能收集雨水的設計，或配置大型水缸，保證人員用水需求。若燈塔建

從香港燈塔郵票可見不同燈塔塔身的建造材料及外形（圖片來源：香港郵票）

址多颱風巨浪，燈塔宿舍則需建造供人員避難的地窖，保證他們在極
端天氣下的安全。燈塔管理員守護燈塔，燈塔守望遠洋船隻。

三、近代燈塔燈源與燈器發展

近代燈塔是由底部承重的塔身，和頂部亮燈的燈室組成。燈塔從
塔基到塔頂風向標的高度被稱為「塔高」，從海水高潮面到塔頂燈光
中心的高度被稱為「燈高」。燈塔的建設高度會就地形、座向等多方
面考慮，倘若「燈高」太高，塔頂的燈光會穿過雲層，經過散射後減
弱光度；「燈高」太低，則不能對遠海的船隻起到足夠的輔航作用。
燈高和塔高，均會影響燈塔光亮度照射的距離。燈室裏的發光體和燈
器，更是直接影響燃燈效果和光程的重要因素。

早期燈塔是使用油燈，燃點鯨魚油、花生油或菜籽油。油燈燭力
有限，亮光效果並不理想。1782 年，艾米·阿爾岡（Ami Argand）對
燈塔油火燃燒的容器進行了改良，將其設計為中空的圓柱形燈芯，使
燈火燃燒愈發明亮穩定。後來，燈塔改用煤油為燃料，人們還進一步
將這種液體石油和空氣混合，製成了熾熱的白熱燈。應用油燈時，燈
塔會開始燃燒乙炔氣體，點燃後可以釋放出更加明亮的火光，只是存
放不當容易引起爆炸，乙炔儲罐發明後，就解決了這一危險難題。
及至發明使用電力之後，燈塔轉而使用白熾燈，以至更為先進的 LED
燈。舊式燃料則作備用，以應停電之需。

燈塔的發光體所選物料不斷變化，其傳遞光線的透鏡也進行了歷
史性的更新換代。燈塔初期使用反射鏡，利用燈光的反射照出平行光
線。後來發展出弧形的凸透鏡，通過光的折射增強燈光強度，若要燈
光傳遞到長遠的距離，透鏡的大小和重量也會加大，造價相應昂貴。
奧古斯丁·菲涅耳（Augustin-Jean Fresnel）發明了菲涅耳透鏡，可以
在達到同樣光照效果的條件下，減輕透鏡的重量。相比普通弧面透
鏡，菲涅耳透鏡省去了無用的透鏡材料，表面形成了數個不連續的齒

形環帶。每條環帶都是一個獨立的凸面透鏡，它們的焦距不同，焦點卻相同，使光能匯聚在一起。燈塔的燈器系統，從此有了工業性的革新。

1823 年，文藝復興時期建造的法國科杜安燈塔（Pharede Cordouan），最先安裝菲涅耳透鏡。其後，全世界的燈塔都廣泛採用這款新式光學透鏡。按照英國的燈塔系統，燈塔上安裝的透鏡可依據直徑或焦距的長短分為六個等級，從上往下依次是 1,840 毫米的頭等燈，1,400 毫米的二等燈，1,000 毫米的三等燈，500 毫米的四等燈，375 毫米的五等燈，以及 300 毫米的六等燈。[5]

香港建造的洋式燈塔，根據導航需求的差異，選用了不同等級的菲涅耳透鏡，也特別注重燈器的維護保養。為了延長燈器的使用壽命，日間的時候，燈室的玻璃四周還會掛上不透光的帷幕，以防陽光過熱，燒壞頭燈。傍晚點燈的時候，才會拉下簾子。日常燈塔管理員也勤於擦拭透鏡和燈室玻璃，保證燈塔亮光的明亮閃耀。如今，全世界的燈塔大都採用自動化操作，燈器可自行發光旋轉，融合了時代智慧。燈塔的燈器和發光物的一系列變化，也印證了近代導航設備的進步與發展。

四、近代燈塔的燈光照明原理

燈高和塔高，燈源和燈器，共同影響燈塔的光度和光程。中國沿海建有多座燈塔，燈塔的燈光閃爍頻率，便是航船在黑夜中辨認不同燈塔的關鍵。船隻一可通過燈塔的閃光，遠距離辨認出前方是哪一個地區的燈塔，並確認航行海域的方位；二可藉燈塔獨特的雙色燈光，趨避危險水域，規劃航行路線。

5　Ha, L., & Waters, D. (2001), "Hong Kong's Lighthouses and the Men Who Manned them", *Journal of the Hong Kong Branch of the Royal Asiatic Society, 41,* pp. 284-285.

　　上述提及近代洋式燈塔常用的菲涅耳透鏡，常有數噸之重，燈光旋轉的奧秘，在於承托燈器的水銀槽和燈塔內部的一套機械裝置。燈塔的建築內部安裝有一條由塔底貫穿至塔頂，底部墜有鐵塊的鋼索鏈條，鏈條連接着塔頂配套的發條裝置，其上放置着發光透鏡。早期的燈塔管理員須在點燈後，用手絞動發條裝置，將鏈條底部的鐵錘升至頂端，讓鐵塊自行慢慢下滑，利用鐵塊下行的重力，拉動發條裝置裏面的機械齒輪運轉，帶動燈器旋轉。鐵錘的配重和發條齒輪的齒數，都經過了精準的計算。鐵錘重量影響它拉動齒輪旋轉的速度，齒輪大小及咬合齒位則能掌控燈器旋轉的速度，從而影響燈光的閃爍頻率。當時的菲涅耳透鏡浮於水銀槽上，可在旋轉時減少摩擦力，發出高頻閃爍的燈光。

　　燈塔的閃爍燈光按其頻率，可大致分為四種。[6] 其一為「單閃燈」，燈光在一定時間內閃光一次，繼之以暗，亮光時間短於暗滅時間。其二為「聯閃燈」，燈光會在一定時間連續閃爍兩次或以上。其三為「急閃燈」，燈光閃爍速度快，進行長時間的高頻率閃爍。其四為「明滅相間燈」，燈光明而復暗、暗而復明地循環閃爍，明暗時間大致相同，或明多暗少。不同的燈塔，便可依據輔航需求設置出特定的燈光頻率。燈塔的燈光一般為白色，白光較其他顏色的光線更加明亮。此外，部分燈塔還會使用「替光燈」，在白光以外交替使用綠光或紅光，用以指示海域內的暗礁以及危險區域。航船視燈光的照示，取得對該海域的了解，小心航行。

6　　班思德：《中國沿海鐙塔誌》（上海：海關總稅務司公署統計科，1933）。

花鳥山燈塔鏡機圖

上：多樣的燈塔光源裝置
　　（圖片來源：澳門東望洋燈塔內展品）
下：花鳥山的頭燈菲涅耳透鏡
　　（圖片來源：《中國沿海鐙塔誌》）

左上：東望洋燈塔裏的鋼索鏈條系統
右上：東望洋燈塔裏帶動燈器旋轉的發條裝置
下　：漁翁島燈塔裏帶動燈器旋轉的齒輪局部圖

五、近代燈塔的其他導航裝置：霧號和旗號

海上的天氣變幻莫測，冷暖空氣相交的春季海面上時有濃霧，燈塔的燈光在濃霧天傳遞效果減弱，甚至無法穿透濃霧。船舶在白霧中容易迷失方向，燈塔的霧號裝置則擔起重任，指引燈塔的方位所在。

燈塔配備的霧號種類繁多，有諸如汽笛、「地雅風」霧笛、警哨、號筒、鐘、炮及爆裂器等的發聲器具，以至後來的無線電霧號；此外，燈塔島嶼的海底還可放置電鐘或振鈴，通過水波傳遞聲音。[7] 往昔的霧笛構造較複雜，通過氣壓傳遞發聲。其構造是：一具霧笛由三架各有二十馬力的引擎，連接配備三台壓縮空氣機，置於十二座聯成一排的容器內；並設有推進機、計時機和發條機械，記錄霧笛的發聲次數。[8] 1922 年，港英政府在橫瀾島燈塔安裝了「地雅風」霧笛，即往復推動式氣壓霧笛，就依靠三具「路士頓」煤油引擎壓縮空氣來鳴笛。濃霧四起，船隻也可憑藉霧號聲音，辨清航向。

海面時有霧天，颱風亦是常見。高大的燈塔建築，也成為向船隻傳遞海上天氣的訊號站。颱風來臨，燈塔管理員會在燈塔旁邊的旗杆上懸掛風球標誌物。海上的大小船隻望見颱風信號，就要做好準備，靠岸或回港拋錨，等待颱風過去。平日，燈塔旁的旗杆又可懸掛信號旗，與航船溝通。遠程即時通訊工具出現以前，船與船、燈塔與船之間都可以使用信號旗，實現一定距離的海上交流。

國際上通用的信號旗由 26 面英文字母旗、10 面數目符號旗、3 面代用旗、1 面答應旗，共 40 面旗幟組成。信號旗可單獨使用，亦可多面組合使用，傳達多樣信息。1892 年 10 月 10 日，一艘輪船（博卡喇號，SS Bokhara）在回港途中於澎湖群島觸礁沉沒，附近的漁翁島燈塔管理員得知船隻遇險，立即在燈塔旁邊升上了組合信號旗，向途經的

7　同上。

8　同上。

船隻傳達「發現船難，請求支援」的信號。其時，在附近航行的船隻，便向周圍水域搜索，終於發現並營救了數名生還的船員。然而，信號旗雖然實用，仍然做不到即時交流。若能在發生船難的短時間內請求到支援，那將挽救更多生命。無線電報的發明實現了這一想法，將燈塔向現代化推進了一步。燈塔管理員可以借助電報，直接與船隻進行遠距離的交流，資訊傳遞更加準確快捷。

六、自動化的近代燈塔

　　近代燈塔依靠科技一步步向前發展，曾守護燈塔的燈塔管理員逐漸淡出人們的視線，燈塔開始自動運轉。在港澳地區的多座燈塔中，只有澳門的東望洋燈塔是現今少有需人工運作的燈塔。時至今日，香港大部分燈塔均採用太陽能板配合儲電池供電，依靠組合式導航燈系統無人化運轉。[9] 燈塔上的太陽能板可將光能轉化為電能，儲存於電池內；感光器可檢測天色亮度，昏暗時分便啟動燈室內的節能燈，利用電池供電，讓其自行運作。此外，燈塔的霧號亦已自動化，信號旗也被現今的電子海圖和全球定位系統（GPS）等先進儀器取代了。

　　燈塔是一座有生命的建築，在歲月中不斷成長。如今，它不再是備受重用的導航設備，但來往的船隻仍會靠燈塔比對電子導航儀器，確保正確的航行方向。它屹立在那裏數十年、數百年，是精準不變的地標建築。1807 年建造的蘇格蘭貝爾燈塔（Bell Rock Lighthouse），是世界上現存坐落在離岸礁石上最古老的海中近代燈塔。兩個世紀過去，燈塔經受住了風吹浪打的考驗，長久地挺立在海中礁石上。蘇格蘭貝爾燈塔的建立，更被譽為工業世界七大奇蹟之一。[10]

　　回首近代燈塔的進步發展，燈塔的塔身建造、燈器設計、燈光旋

9　　《香港海事通訊》，第八十期（2021 年 6 月），頁 3。

10　　英國廣播公司：〈貝爾燈塔〉，紀錄片《工業世界的七大奇蹟》，英國廣播公司，2003。

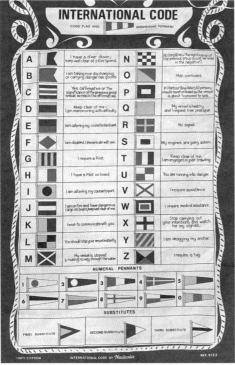

上　：橫瀾島的旗杆上懸掛信號旗
　　　（圖片來源：晚清與民國時期
　　　文獻收藏家戴銳）

下　：國際信號旗（圖片來源：香
　　　港海事博物館）

工業世界七大奇蹟之一的貝爾燈塔（圖片來源：Photograph by Derek Robertson, 2005. Wikipedia Commons, https://bit.ly/3zuCcNk, CC BY-SA 2.0.）

轉裝置和燈塔的管理運作模式，均有着重要的研究價值。尼爾斯・達倫（Nils Gustaf Dalén）因發明能供燈塔自動照明的調節裝置，獲得諾貝爾物理學獎。羅奈爾得・科斯（Ronald Harry Coase）這位榮獲諾貝爾經濟學獎的學者，還曾發表論文，對英國燈塔的財政管理制度進行實證分析，詳細論證燈塔這類公共物品分別由政府或私人建造經營所帶來的經濟效益，進而為其他公共服務的管理和營運提供啟發。[11]1873年，港英政府通過了《香港燈塔條例》，並授權港督徵收燈塔稅（Light Dues），以支付興建和營運燈塔的開支，其中的經濟學知識應用在公共服務的實踐上，也等待人們的進一步探索。因此，燈塔藉時代技術由近代走向現代，又將奔赴未來，供世人研究，促進時代發展。

---

11   Coase, R. H. (1974), "The lighthouse in economics", *The journal of law and economics, 17*(2), pp. 357-376.

澳門東望洋燈塔：

一道光　一世情緣

東望洋燈塔和聖母雪地殿教堂

　　澳門是亞洲最早的中西合璧貿易港，想要一覽澳門全貌，就需要登高遠眺，來到澳門的最高點——東望洋山。這裏坐落着中國沿海最古老的近代燈塔——東望洋燈塔，屹立於此已有一個半世紀。1992年，東望洋燈塔被評選為「澳門八景」之一，並於 2005 年作為澳門歷史城區的部分被列入世界文化遺產名錄。[1]

一、近代西方海上貿易進入中國的第一站

　　一座燈塔的出現，恰似一座城市的名片，向遊客訴說這片土地上的點點滴滴。四百多年以來，澳門一直處在東西方文明交流的中心，

1　〈多項活動慶祝東望洋燈塔一百五十周年〉，澳門特別行政區政府文化局官網，2015 年 6 月 30 日，https://www.icm.gov.mo/cn/News/NewsDetail.aspx?id=12511（瀏覽日期：2022 年 4 月 16 日）。

曾是中國與世界交流的一扇窗口，也是中國古代海上絲綢之路中的一個重要港口。

16 世紀初，葡萄牙人東航進行了一系列探索。他們在 1513 年到達馬六甲，並開始打聽東方偉大的中華帝國。後來，他們通過中國船民的導引，揚帆來到中國的廣東，又轉至閩、浙，目的是尋找可供泊岸的港口，並且讓他們居停下來，可以長期進行貿易。1553 年（亦有說是 1557 年），葡萄牙人登上了澳門。他們在澳門登陸時，向當地官員提出請求，聲稱船隻遭遇風浪，商船上的貨物被水浸濕，希望能上岸找個地方曬一曬貨物，便以此為藉口開始登岸。登岸地點在澳門半島西南方，那裏有一個媽閣廟，據說葡萄牙人在登岸時，向村民打聽：「這是個什麼地方啊？叫什麼名？」由於語言溝通問題，當地人誤以為問廟名，於是回答「媽閣廟」，從此就被葡萄牙人用來稱呼澳門，即今日的「Macao」（英文譯作 Macau）。「媽閣廟」正如我們所熟悉的天后廟，均是從古至今漁民出海前祈福的海神，中國東南沿海的漁民海商所敬奉的護航之神媽祖，其廟宇在中國東南沿海，乃至東亞凡有華人居住的地方，均有蓋建，其影響之深可以想見。

1570 年，在葡萄牙人開發日本長崎後，澳門和日本長崎兩個港口基本由葡萄牙人壟斷。當時為防倭寇，明朝不允許沿海地區百姓與日本人往來，葡萄牙人便利用這個機會，將中國的絲綢運到長崎進行買賣。當時日本在銀礦山發現了銀，以銀付賬，日本的銀就這樣通過澳門流入了中國。據了解，從 1581 到 1639 年，日本銀礦山的銀條經澳門流入明朝的銀就有五千萬兩，這就是絲銀貿易。當時作為一個小漁村的澳門，得以修建眾多教堂的經費就來源於此。[2]

「每一個港口城市都該擁有一座燈塔。所以澳門作為一個港口城

市，為自己建了一座外觀獨特的燈塔。」香港海事博物館的首任館長戴偉思（Stephen Davies）如是說。1553 至 1849 年，葡萄牙人租住澳門，但後來，藉着鴉片戰爭後清廷積弱，葡萄牙人再沒有繳納租金，並驅逐清廷駐澳的官員，全方面地管治澳門。而隨着航運業的機械化，澳門的海運事業更加蓬勃起來，為了給西方海事貿易護航，東望洋燈塔應運而生，成為了澳門在世界地圖上的地理座標，[3] 也成為了近代西方海上貿易進入中國的第一站。

東望洋燈塔位於松山之巔，亦稱東望洋山。踞於澳門東海岸，海拔 93 公尺，為澳門制高點。從山頂遠眺，萬頃波濤盡收眼底，故而得名。向東望去，就是珠江入海口。如果天氣好，可以看到海水有藍色和褐色兩種顏色，界限分明。藍色在中國歷史上被視為海洋文明，褐色代表陸地文明，澳門置於其中，用「鹹淡水文化」來形容其中西交融的文化特色，再生動不過。鹹水指西方，淡水指東方，鹹淡交融，中西合璧。

東望洋燈塔始建於 1864 年，燈器及旋轉設備由澳門土生葡人加路士·維森特·羅札（Carlos Viceate Da Rocha）設計，[4] 於 1865 年 9 月 24 日正式使用。燈塔整體呈八角形，塔身白色，塔高 13.5 米，燈高距海平面 108 米。其光源是一盞極大的煤油燈，其燈光射程達 20 海里。在雷達等設備發明前，它起到了非常大的輔航作用。可惜由於年代久遠，當年燈塔的模樣只剩下舊照片上的一個模糊小點。

3　　〈東望洋炮台、聖母雪地殿教堂及燈塔〉，澳門特別行政區政府文化局官網，https://www.icm.gov.mo/cn/GuiaFortress（瀏覽日期：2022 年 4 月 7 日）。

4　　伍穗生：〈松山燈塔〉，《珠江水運》，1997 年 12 期。

東望洋燈塔地理位置圖

二、颱風過後，燈塔重生

天有不測風雲，澳門在 1874 年 9 月 22 日到 23 日經歷了史上最強颱風吹襲，東望洋燈塔嚴重毀損，不得不重建。重建期間，燈塔的機械裝置臨時安置在一座木塔裏。

重建的東望洋燈塔，引入了大量葡萄牙風格元素。它的外觀頗似一座鐘，並由磚砌起，燈塔高度為 13.5 米。底部直徑 7 米，以平滑的弧度往上逐漸收縮到 5 米。整個建築分為三層，塔身上有凸起的窗弦、窗眉、窗框，窗框是由石頭雕刻而成，澳門學者、歷史學博士刑榮發介紹道，這種建築風格極具葡萄牙特色，使其成為 19 世紀的新曼努埃爾風格建築。燈塔塔頂安裝了巨型水晶射燈和設計精巧的機械重錘，下面有工作室和儲藏室，內部有一條狹窄的螺旋樓梯連接三層，

通往塔頂平台。這座重建的東望洋燈塔最終於 1875 年 9 月 23 日重新投入使用。[5]

　　數十年過去，隨着燈器科技的發展，東望洋燈塔迎來它的第三次生命。1910 年，東望洋燈塔燈室部分經修葺升級後，從以前的圓形穹頂發展為現在更為小巧精緻的燈室，成了我們現在看到的樣子，與世界上其他地方的現代燈塔大同小異。設備與時俱進，安裝了新的菱鏡光學組件及轉動系統，並於同年重新啟用。

　　該轉動系統屬於機械式設計，位於燈塔的中央位置，由塔底至塔頂貫穿各層轉動系統的帶動裝置則位於塔頂。燈塔管理員需要手動將重錘從底層通過齒輪裝置盤至頂層，再利用重力下降及齒輪旋轉，帶動射燈隨之旋轉。每兩個小時左右，重錘會墜到塔底，燈塔管理員會重新把重錘盤上去，這個過程也要好好控制速度，與重錘下降的速率一致，這樣才能保持燈光信號不發生改變。燈塔管理員重複同樣的操作過程，日復一日。

　　這時候燈塔的射程較 1865 年已有了極大提升。1913 年出版的第 41 期《通商各關警船鐙浮椿總冊》（*List of the Chinese Lighthouses, Light-vessels, Buoys, and Beacons*）中的資料數據顯示，東望洋燈塔燈高 333 尺（111 米），塔高 44 尺（14.7 米）。所用燈器為三級聯閃燈，即閃 1 秒，熄 2 秒，再閃 1 秒，熄 6 秒，如此循環。從光程海圖中可見，東望洋燈塔的光圈是最大的，黃色區域代表亮燈，白色區域代表熄燈。燈光射程達 25 海里，甚至能照耀到屯門、大嶼山區域、珠江三角洲、擔杆列島。

　　1927 年，燈塔改以鎢絲燈泡發光，由燈器的菱鏡轉動產生不同的燈光信號。1975 年，轉動系統改由電動馬達帶動，位於燈塔中央位置

5　　香港城市大學：紀錄片《燈塔記憶：澳門東望洋燈塔》，2017 年，https://bit.ly/3Csp1vV（瀏覽日期：2022 年 4 月 20 日）。

上 ：燈塔一樓 360 環景攝影圖
中 ：燈塔二樓 360 環景攝影圖
下 ：燈塔三樓 360 環景攝影圖

的部分則停止使用，光學組件則沿用至今。

　　澳門歷史學者刑榮發曾和燈塔項目團隊分享，1980 年代，他和朋友坐漁船去萬山群島，回程的感覺相當奇妙。他們在海上什麼都看不到，灰蒙蒙一片，當慢慢接近陸地，就看到了燈塔的光。當時他就感慨，原來對古時候在海上航行的人來說，燈塔的作用是如此之大的，航海人首先看到的不是陸地，而是燈塔的光。

左　　：燈塔內部結構模型
右上：水晶射燈 360 環景攝影圖
中下：東望洋燈塔內水晶射燈
右下：水晶射燈的齒輪

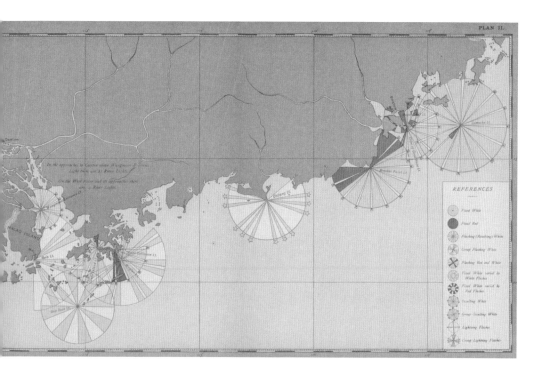

上　：手搖旋轉齒輪

下　：東望洋燈塔光程海圖（圖片來源：哈佛大學哈佛燕京圖書館典藏）

三、獨一無二的世遺建築群

放眼全世界的世界文化遺產建築，有燈塔元素的就有澳門這一
處。為什麼簡單的一座輔航建築具有如此特殊的意義呢？聯合國教科
文組織官網上早已給出了答案：「澳門是一個繁華興盛的港口，在國際
貿易發展中有着重要的戰略地位。從 16 世紀中葉開始，澳門就處於葡
萄牙統治之下，直到 1999 年中國對澳門恢復行使主權。澳門歷史城
區保留着葡萄牙和中國風格的古老街道、住宅、宗教和公共建築，見
證了東西方美學、文化、建築和技術影響力的交融。城區還保留了一
座堡壘和一座中國最古老的近代燈塔。此城區是在國際貿易蓬勃發展
的基礎上，中西方交流最早且持續溝通的見證。」[6]

中西海洋文明的交匯中，便有海神這一元素。天后媽祖是中國東
南沿海漁民的信仰。澳門的媽祖閣，也是澳門的一項重要世界文化遺
產。東方有媽祖，西方的葡萄牙也有類似的海神，那就是聖母瑪利
亞。因此，信仰天主教的葡萄牙人來到澳門後，於 1622 年在東望洋
山的最高處建立了一座聖母雪地殿教堂，也稱松山小教堂，以便士兵
以及這裏的工作人員祈禱。後來，教堂旁邊興建的東望洋燈塔，也同
樣具有相當濃厚的天主教宗教氣息。

說到聖母雪地殿教堂，這是一座坐東向西的天主教教堂，為磚砌
筒拱結構，坡屋頂，瓦屋面，造型具有羅馬風特點。正立面有雙重山
花，牆體厚實，側牆有扶壁支撐。外牆白色粉刷，壁柱和山花為黃色
粉刷，紅色屋頂，綠色門窗。教堂平面呈「L」形，由一個主殿和一個
聖器室組成。如此特徵在葡萄牙的殖民地建築物都十分常見，如印度
果阿舊城的天主教教堂。[7] 據說 1622 年荷蘭人進攻澳門時，聖母瑪利亞

---

6   Historic Centre of Macao, World Heritage Convention, UNESCO, https://whc.unesco.org/en/
     list/1110/，瀏覽日期：2022 年 4 月 21 日。

7   戴璐：〈澳門東望洋山聖母雪地殿壁畫年代考〉，《美術學報》第 3 期（2013 年）。

從教堂走出來，袖子一甩把荷蘭人全部打跑了。這是一個傳說，但也說明了澳門土生人的一種信仰。

除了作為祈禱聖地，該教堂還有另一個作用。在東望洋燈塔出現之前，聖母雪地殿教堂本身就是一個輔航建築物。雖形制簡約卻不可小覷，它是澳門唯一保存完整的 17 世紀古教堂。其他建於同一時期的教堂都多在天災中毀塌，或再重修。因此聖母雪地殿教堂也是澳門世遺建築群的組成部分，在修繕的過程中發現了隱藏在教堂四壁及拱頂內的壁畫，既有聖像畫，也有裝飾性圖案，內容非常豐富。這些壁畫對於研究早期澳門史和中西文化交流史都有很高的學術價值。[8]

此外，當時的葡萄牙人登陸澳門後，這塊土地一直被荷蘭和英國的勢力覬覦。為抵擋其進攻，葡萄牙人在 1617 年就開始陸續修建炮台和城牆，當時共有六座炮台，東望洋炮台就是其中一座，位於澳門半島的最高峰，俯瞰整個澳門。而後出現的燈塔與炮台以地道相連接，同樣具有軍事作用。堡壘建於 1624 至 1627 年，比東望洋燈塔的出現還要早兩個世紀。

炮台下面還有一個囚室，與炮台的結構連為一體。葡萄牙國土面積較小，人口也少，因此派往澳門守衛的軍隊大部分來自它的其他殖民地。選拔軍隊時會從勇敢善戰的部落中挑選，包括安哥拉、莫桑比克的一些部落。駐守炮台或燈塔期間，他們難免紀律渙散、酗酒，澳門居民對他們非常反感，經常發生糾紛，炮台的囚室就是用來囚禁這些不守紀律的士兵。

8　同上。

四、燈塔在新時代下的現實意義

1992 年，東望洋燈塔被評選為「澳門八景」之一，並於 2005 年作為澳門歷史城區的部分被列入世界文化遺產名錄。時至今日，我們仍然可以通過燈塔的精妙設計、教堂的傳奇壁畫等等，重溫歷史上那段輝煌的歲月，但不可置否的是它們已經淡出了澳門人的主流生活。

以聖母雪地殿教堂為例，自從山下修建了更大的教堂，就少有人上山做禮拜了，對於它曾是航海輔助建築的歷史用途更是無人問津。燈塔也面臨相似的命運，隨着雷達、衛星等科技的高速發展，它作為輔航設施的重要程度已大不如前。加之澳門近幾十年來博彩業的壯大，使其成為東方的蒙地卡羅，周圍的建築物愈來愈高，東望洋山上這一小小的建築和無休的閃光，漸漸被淹沒在城市的鋼筋森林和霓虹燈光之間。

但澳門政府一直努力探索創新的保育方式，從政策和資金上着手支持，讓這些還存在但已不再發揮作用的文化遺產保持活力。澳門海事及水務局航標中心職務主管關春泉說，為了保護文化遺產，平日都要注重燈塔的保養與清潔，例如擦拭玻璃、燈具等等，亦會定期升降特區區旗。如今燈塔仍然保持晚上開燈、早上熄燈，為船隻導航的習慣，但其象徵意義大於實際用處。當地球物理暨氣象局發出熱帶氣旋信號（風球）或強烈季候風信號，相關部門會盡快在旗杆上掛上相應標誌並亮燈，讓全澳市民及海上漁民知曉。澳門的熱帶氣旋警告信號系統也經過了多次修訂，才發展成今日一套固定的信號表，為市民作出一目瞭然的氣象預告。現在澳門仍然在運作的信號站僅剩兩個，分別是位於東望洋炮台上的燈塔和大炮台，前者由海事及水務局負責，後者則由文化局負責。時至今天，懸掛風球的作用，已給電視新聞和手機所取代了。

另一方面，東望洋山已經成為一個「打卡地標」。炮台、燈塔每天都吸引很多澳門居民、內地遊客前來參觀、拍照，尋找澳門的過去，

上　：燈塔旁放置的炮
下　：夜晚亮燈的東望洋燈塔（圖片來源：澳門特區政府文化局）

上　：燈塔旁博物館中展示的風球標識物
下　：燈塔內展出的各式燈

也不乏文人墨客在此地發思古之幽情。每年 7 月的星期六、日，澳門海事及水務局還會開放燈塔內部供市民和遊客參觀。人們能夠走入燈塔，觸摸歷史，看到舊時的燈、古色古香的文物，同時也能了解燈塔管理員的日常工作。聖母雪地殿教堂雖然已經不開放給公眾做禮拜，但成為了舉辦婚禮的勝地。其時，任澳門旅遊局廳長的葡萄牙人官晉偉（Licénio L. M. da Cunha）與他的太太就是澳門第一對在這裏舉行婚禮的夫婦。官太從小在東望洋燈塔附近長大，她的祖先也曾駐守燈塔，與燈塔有千絲萬縷聯繫的她，在新婚之時收到了這樣一份意料之外的禮物。[9]

　　所以，這些文化遺產在城市裏並不會顯得格格不入，而是融入了現代生活，在新時代被賦予嶄新含義。

五、探索燈塔的未來

　　「今天東望洋燈塔還在運轉，但是已經失去了最初的用途，它時刻在提醒澳門人，應該記住澳門開埠以來近 500 年的歷史，應該記住澳門在歷史上，曾作為中西文化交流唯一平台的一段歷史。」澳門理工學院李長森教授如是說。

　　著名詩人汪兆鏞曾於 1918 年作〈澳門雜詩〉記錄這個地方的人文地景：

> 東西兩望洋，崦然聳雙秀。
>
> 地勢繚而曲，因山啟戶牖。
>
> 南北成二灣，波平鏡光逗。

9　　張帝莊、孫樹坤：〈400 年東望洋燈塔見證浪漫婚禮〉，《明日風尚（盛事）》第 2 期（2007 年）。

登高一舒嘯，空翠撲襟袖。

尤喜照海燈，轉射夜如畫。

　　颱風、戰爭以及科技的發展，都會摧毀燈塔，燈塔一路走來歷經磨難，得以保存至今的都是珍貴的人文記載。正因澳門政府資金充足，才得以保育那些依舊存在的古老而美麗的建築。但怎樣才能讓舊燈塔綻放出新的光芒，仍需政府與各位學者、專家、市民的共同努力。正如澳幣上不斷更新的燈塔圖一樣，燈塔項目團隊對於東望洋燈塔的探索仍在繼續。我們有幸訪問到文化局的 Nuno Alexandre Dias Rocha 先生，他為我們提供了許多關於東望洋燈塔及周邊的舊圖和工程圖，這給項目團隊提供了更多素材和史料佐證，對 2018 年由中文與歷史學系的學生拍攝的東望洋燈塔紀錄片進行補充，重拾人們對東望洋燈塔的回憶。

請掃描二維碼，欣賞《燈塔記憶：澳門東望洋燈塔》紀錄片。[10]

10　香港城市大學：紀錄片《燈塔記憶：澳門東望洋燈塔》，2017 年，https://bit.ly/3Csp1vV（瀏覽日期：2023 年 5 月 5 日）。

專題二　東望洋燈塔點燈放光
　　　　早於東亞其他燈塔之考　　　　　　黃天

　　2005 年，「澳門歷史城區」申遺成功，列入世界文化遺產名錄。東望洋燈塔就是「澳門歷史城區」其中的一座古建築。同時，東望洋燈塔還是東亞最老的燈塔。

　　一直以來都聽到東望洋燈塔是東亞最古老而且仍然運行的燈塔，但就看不到有關比對的考查文章。筆者趁着和香港城市大學的「燈塔項目團隊」一起編寫《燈塔絲路紀行》之際，作了一些研究，以確認東亞最老的「近代燈塔」，是否就是澳門東望洋燈塔？

一、十九世紀近代燈塔登場

　　首先要解釋一下什麼是「近代燈塔」。在十九世紀以前，面對大洋擁有海疆的國家，或是四面環水的島國，都會在沿海的高地和重要港口，放置哨所以及修築城堡，並裝設面海的大砲，嚴防來犯，保衛海港。其中高台哨所，不分晝夜，嚴密地監視着海面，如觀察到是本國船隻，又或是友好國家的商舶、使船，則予以放行；倘是來歷不明的異國船，又或是海盜船，便馬上通報和示警，守軍即進入戒備狀態。在那個沒有電子通訊的年代，其聯繫通報方法，「日則懸旗，夜則燃燈」，收隔遠傳意之效。中國在明代倭寇猖獗之時，東南沿海便設有很多「墩哨」，「遇有賊舟，晝則舉旗，放銃為號；夜則放起火，放銃為號」。[1] 但又為指引本國往來的船隻，一些高地以及有地標作用的寺塔，在夜間燃起燈塔，[2] 以示港口、陸地的方位。但這些燈火沒有探射的光束，遠方不容易看見。

1　（明）鄭若曾：《籌海圖編》（北京：中華書局，2007），827 頁。

2　陳龍貴、周維強編：《順風相送》（台北：故宮博物院，2013），39 頁，刊有《捐建澎湖西嶼浮圖圖說》，《圖說》原文有：「頂設長明之燈，西照鷺門東光鯤島，南連銅山東粵，俾一望無際之餘，知所定向。」

十九世紀初，蒸汽開始應用到航船上，推動巨輪運轉，成為其疾如風的火輪船，漸次取代了大風帆。輪船成為十九世紀通連五洲的最重要交通工具。時值歐美列強在全球開拓它們的殖民地，輪船受到極大的倚重，造船業迅速發展，軍艦、貨船、客輪相繼下海，往來各大洲的瀕海城市，傾銷來自英、法、美等國家的工業產品。但天有不測風雲，海有巨浪湍流，岬有淺灘暗礁，都會危害到航船的安全。於是，歐美人士便着意研究天文、氣象、海流。在航向、定位方面，他們接連研製成反光鏡和透光鏡，加裝在燈塔的燈器室，折射出一條條平行光束，射向遠方，並加上機動旋轉，帶來閃光轉射的效果。同時，按照燈光的閃動分類，分別有：定光燈、單閃燈、聯閃燈、急閃燈、明滅相間燈、替光燈，[3] 這樣便能給洋船舟子標明方向，指示航路。這些具有閃光轉射光束的燈塔，有別於單純微弱的燈火，是為「近代燈塔」。

二、近代燈塔知識東傳

為確保航海安全，歐洲各國便在沿海港口建立燈塔。而燈塔之間，也有相互聯繫，更編造出各個燈塔有不同顏色的光束和閃光時間的間隔，以示識別。他們將燈塔的先進技術向東方推介，既保護西方列強航船的安全，也對其他國家的大小商舶、漁船，起到導航作用，對人類的文明生活，有着不可磨滅的貢獻。

由西方傳教士主辦印行的《遐邇貫珍》，是香港最早出版的中文報刊。[4] 1856 年 5 月，該刊的結束號刊出〈照船燈塔畫解〉，除工整地描繪出燈塔的結構圖外，並附上說明：「西邊洋面，每有生石顯突水面，或有隱伏水中，行船者倘若不覺，偶與此石相觸，則船破貨壞。蓋每歲之犯此者，正

3　班思德著，李廷元譯：〈鐙塔釋例〉，《中國沿海鐙塔誌》（上海：總稅務司署統計科，1932）。

4　〈前言：《遐邇貫珍》瑰寶滿卷〉，黃天：《〈遐邇貫珍〉香港史料類鈔》（香港：中華書局，2020）。

1867 年法國巴黎世界博覽會的現代燈器（圖片來源：Felicity Somers Eve）

不知凡幾矣。故西邊諸國，凡於其所屬洋面，察有險要處所，即在石面建塔一座，虛其中，用螺文旋上；近日則全用鐵板構成。每塔着數人看守，夜則在塔頂燃燈數盞，照耀洋面，俾行船者，隔遠而預知趨避。且各塔以燈色分別，如某塔則專用某樣燈色，或用燈自旋轉，半明半蔽，使船中人望之，而知其為某地之某塔也。自各險建塔之後，永無破船壞貨之患。此法誠為盡善，而且可垂永久者也。每船到此，量度其船大小，以為抽稅之

則，歸其資於本塔，為每年費用之需，各船主亦無不樂為輸將焉。」[5]

　　早期開眼文士王韜，1867 年隨英國傳教士理雅各（James Legge）赴英，歸而著成《漫遊隨錄》，[6] 其內也有講述燈塔此一新生事物：「其最難製造者，為海中燈塔，用以遠照行舶。四周皆用玻璃，一面則令發光至遠，一面則令收光返照，此亦光學之一端也。」[7]

三、東望洋燈塔　1865 年點燈放光

　　東望洋燈塔矗立在澳門松山之巔，雖說是山，但海拔僅得 91 米，不過仍然是半島最高的山丘，又稱東望洋山。因是半島的最高處，完全可以監視珠江口外港的動態，是軍事上的重要制高地。是以葡萄牙人於 1622 年擊退來襲的荷蘭軍後，便驅使俘虜來的荷軍在東望洋山修築砲台。因帶領修築工程者名基亞（Guia），故後來稱砲台名為基亞砲台，但一般人仍以東望洋砲台稱之。而東望洋山因為可以極目大洋景色，亦是遊人喜歡登臨的台地。其後，也因為往來的葡萄牙船日多，遂在東望洋山上燃點燈火，照射海面，給進出港口的船隻輔航。清乾隆年間第一任澳門同知印光任，便有《望洋燈火詩》記其景：

> 望洋臨絕頂，千樹燭繽紛；
> 照海光搖電，烘天焰結雲。
> 鵲橋疑入曉，銀漢逼斜曛；
> 萬里歸帆近，燈花艷紫氛。[8]

5　《遐邇貫珍》原刊本於 2018 年 10 月在香港展出，承香港英華書院拍攝照片送贈筆者。英華書院即為當年《遐邇貫珍》的印行者。

6　王韜的《漫遊隨錄》曾於光緒初年由上海點石齋刊出石印本。後來，與《扶桑遊記》合為一書，於光緒十三（1887）年出版。

7　王韜：《漫遊隨錄‧扶桑遊記》（長沙：湖南人民，1982），134 頁。

8　（清）印光任、張汝霖：《澳門記略》（台北：成文，1968），211 頁。又印光任、張汝霖原著、趙春晨校注：《澳門記略校注》（澳門：澳門文化司署，1992），148 頁。

　　詩中「照海光搖電」似是燈塔的燈火，但應該是在一個並非高塔的建築物內點上油燈，然後利用光鏡向外照射，惟未能造成一束束的光柱遠射至十數浬以外，達不到近代燈塔的功能。

　　1864 年，澳葡政府開始在松山構築燈塔，工程進展順利，翌年（1865年）9 月 24 日便點燈放光，正式啟用。據稱，這座燈塔約高 13.5 米，塔身整體漆上白色。

　　當東望洋燈塔旋燈照海至九周年前夕 —— 卻遇上澳門有史以來最慘烈的颱風。1874 年 9 月 22 日深夜，超強颱風由東面猛撲而來，風力強勁，足足橫掃澳門二十四小時。慘遭風暴蹂躪的澳門，南灣堤磯摧毀，又適值大海潮，水乘風勢，巨浪翻騰，釀成二千多艘蝦艇漁船沉沒，沿海低地盡成澤國，居民在黑夜中難辨生路，竟致五千多人溺斃，[9] 東望洋燈塔亦告圮毀。

　　颱風過後，澳門重建災區，燈塔是重點項目，集中人力趕工重建。在颱風來襲一周年的 9 月 23 日，一座簇新的東望洋燈塔，再次挺立在松山之巔。第二代東望洋燈塔的高度，雖與前相若，都為 13.5 米，但燈塔的外型酷似一具座鐘，底部直徑 7 米，以平滑的弧度向上逐漸收縮到 5米，[10] 上束下寬，更呈穩固，形態上酷似一襲白色衣裙，素雅飄逸。

　　隨着燈器科技的持續發展，1910 年，東望洋燈塔換上三等聯閃燈。同時，燈室也進行修葺，改粗大為小巧，外形更美觀，其風韻一直保存至今。[11] 據《中國沿海鐙塔誌》所載：「（東望洋燈塔）初為一不列等燈，至宣統二年（1910 年），始改置新式三等聯閃燈機。該塔位於澳門小山之巔、乃同治四年（1865 年）所建。查中國領海內之燈塔，除山東成山頭之舊

9　　1976 年 5 月，筆者採訪澳門氣象台，獲台長林道時接待，取得澳門的歷年氣象資料和紀錄，撰成〈澳門有史以來最慘烈颱風〉，刊於 1976 年 5 月 23 日《華僑報》。

10　　據「燈塔項目考察團隊」的考察。

11　　同上。

式燈樁及澎湖群島中漁翁島之古燈外，該燈可謂最老者也。」[12]

　　但山東成山頭的舊式燈樁和澎湖漁翁島的古燈，都不是近代燈塔。

四、香港鶴嘴燈塔　　1875 年建成開燈

　　英國據有香港島後，要將小漁村化身為貿易港，先要花十數年進行開山鋪路，建造衙署，還要為食水修建水塘，而當時仍然依靠體力勞動來進行基建，所以頗費時日。至 1850 年代後期，港英開始大力招商引資，其時太平天國突起，不少華商南遷到港，使香港迎來第一個黃金經濟期。迨 1860 年代中，要求建造燈塔以確保海運安全的呼聲愈來愈高。港英政府經多方勘測，於 1874 年選出鶴嘴（今作鶴咀）、青洲、歌連臣角三處屬於香港水域而又扼守東西海道入口的高地，修建燈塔。

　　1875 年 4 月 1 日，首先建成點燈放光的是鶴嘴燈塔，亦是香港第一座燈塔，三個月後的 7 月 1 日，舊青洲燈塔也告亮燈。

　　鶴嘴燈塔位於香港島東南角的鶴嘴山，面對藍塘海峽。鶴嘴燈塔是以花崗岩石砌築而成，呈圓筒形，塔高 18 米，頂部是燈室，裝有一級號燈。但鶴嘴燈塔僅放光二十年，便因為外海的橫瀾島燈塔的啟用，其光束照射可以覆蓋鶴嘴燈塔的範圍，於是鶴嘴燈塔便在 1896 年關燈停用。及至 1905 年，青洲構築新燈塔，將鶴嘴燈塔的一級號燈拆下，轉裝到新青洲燈塔，再度放光。因為這項「器官」移植，鶴嘴燈塔的高度由 18 米降至 9.7 米，即沒有了燈室，只剩下兩層塔身。[13]

五、長江口大戢山燈塔　　1869 年燃燈照射

　　第二次鴉片戰爭清軍又告敗北，為求結束戰爭，於咸豐八年（1858）五月，分別和英、法兩國簽訂了《天津條約》。據《條約》第三十二款所

12　海關副稅務司班思德著，署副稅務司李廷元譯：《中國沿海鐙塔誌》，71 頁。

13　據「燈塔項目考察團隊」的考察。

訂：「通商各口分設浮樁、號船、塔表、望樓，由領事官與地方官會同酌
視建造。」[14]

根據此條款，簽署國的領事可以提出在各通商口岸設立浮樁、號船、
燈塔等導航建築。這些標識和有關工程，曾零散地展開，但限於技術和沒
有全盤計劃，難免因陋就簡上馬，於是就出現一些標樁和燈船。

在航道險要處懸燈作標識早已有之。如珠江內海珠砲台前，有美國
「伶仃」號躉船於 1844 年在該河道沉沒，但躉船的前桅高出水面七呎，為
保航道安全，遂懸燈以作標示。又廈門口外大膽島上古剎之前，曾於同
治二年（1863 年），燃有漁人所用之燈一盞。再有寧波鎮海口外之七里嶼
及虎蹲山，亦於同治四年（1865 年），各設小燈塔一座，所用的是普通油
燈。[15] 但這些油燈的光線，都極其微渺，非近代燈塔的光束可比。

有一些沒有高崗的淺灘，便將船停在險處附近，掛燈桅上，以為引水
之用。咸豐五年（1855 年），經外國稅務監督的建議，在長江進口處設置
燈船一艘，以指示銅沙沙嘴海道，被譽為中國新式燈船之嚆矢。[16] 後來，
屢經換船易燈，至同治二年（1863 年），改置白色定光燈。五年後，改裝
為紅光旋轉燈，燈光高出水面 38 呎，並附設霧砲一具。[17]

1863 年，顢頇腐敗的清廷竟同意由英國人赫德（Hart, Robert, 1835-
1911）從該年起出任中國海關總稅務司，直至他死去。赫德於同治四年
（1865 年）請准總理衙門撥船鈔一成，以作理船和建燈塔、航道標識之
資。1868 年，成立海務科，專責建設與管理沿海內河燈塔、燈船、浮
標、霧號等的港務工作。[18]

14　楊松、鄧力群原編，榮孟源重編：《中國近代史資料選輯》（香港：三聯書店，1979），100
　　頁。
15　海關副稅務司班思德著，署副稅務司李廷元譯：《中國沿海鐙塔誌》，6 頁。
16　同上，4 頁。
17　同上，232 頁。
18　《中國沿海鐙塔誌》，7 頁。

海務科首先注意的是靠近上海的長江進口水道，同一時間構建三座燈塔。其名稱分別是：南稱大戧山、東名花鳥山、北曰佘山（即沙尾山）。

同治八年（1869 年），大戧山燈塔最先閃亮發光。《中國沿海鐙塔誌》亦謂：「該塔之建設，乃海務科成立後籌備燈塔計劃中之最先建築者也。」[19]

該塔建於大戧山之巔，塔高約 14 米，塔圓色白，燈光高出水面約有 85 米。初為三等白色定光燈，燭力一千八百五十枝。光緒二十六年（1900 年），遷至島嶼的東端，換上旋轉鏡機，燭力增為三萬四千枝。島上綠樹成林，風景幽美。洋籍管理員多視為桃園樂土。[20] 大戧山燈塔後來毀於戰火，1858 年、1994 年兩次在原址重建。

繼大戧山燈塔之後，1870 年花鳥山燈塔、1871 年佘山燈塔也相繼亮燈。這裏從略。而澎湖的漁翁島燈塔，則於 1875 年啟用。

六、日本觀音埼燈台　1869 年點燈

燈塔，日本稱之為燈台。據考，日本最早的近代洋式燈塔是 1869 年 2 月 11 日點燈的觀音埼燈台。

日本民族，自古以來對外來文化都深感興趣。香港出版的《遐邇貫珍》傳到日本，他們讀到羅森的〈日本日記〉和西方的科技知識文章後，即作出深入研究，又為廣泛流傳，更以抄本遞送。[21] 其中〈照船燈塔畫解〉的圖文，當然也是他們所愛讀的新知。

日本慶應二年（1866 年）五月，德川幕府和美、英、法、荷就降低關稅共同簽訂《改稅約書》。[22] 該《條約》的第十一款載明：「日本政府與外國貿

19　同上，206 頁。

20　同上，210 頁。

21　黃天：《〈遐邇貫珍〉香港史料類鈔》，252 至 258 頁。

22　日本近現代史辭典編集委員會編：〈改稅約書〉，《日本近現代史辭典》（東京：東洋經濟新報社，1978），92 頁。

易而開放的各個港口，為保船隻進出安全，應建置燈塔、浮樁、標柱。」[23]

　　根據合約，江戶幕府即訂購燈塔機械和邀請外國派遣技術人員來協助修建。但不久，日本變天，幕府倒台，迎來明治維新。明治元年（1867年）六月，在法國技術人員的帶領下，同時在觀音埼、品川、野島埼、城島四地展開建造燈塔的工程。同年十二月二十九日首先完工的是觀音埼燈台，並隨即在明治二年一月一日啟用，更立碑為記：「點燈明治戊巳正月元旦。」原來當時仍用農曆，至明治六年（1873年）才改行西曆。而西曆的月日，可參看法文的碑記：「1869年2月11日點燈。」[24]

　　觀音埼燈台坐落於神奈川縣三浦半島的東端，中間隔着東京灣，與房總半島的富津岬相望。觀音埼燈台是疊磚砌成的。但1922年4月26日的一場地震，磚塔抵禦不過，即告倒塌。翌年3月5日，以混凝土建成的八角形觀音埼燈台再度登場，但同年9月1日中午，地動山搖的關東大地震爆發，觀音埼燈台又再倒下。1924年9月以鋼筋水泥再重建，外觀仍是八角形，塔高15米，是為第三代觀音埼燈台，至今仍屹立在東京灣畔。[25]

　　至於朝鮮半島的燈塔，是日本管控朝鮮之後構建的。最早的一批燈塔建在仁川港外，它們分別坐落在白岩、北長子嶼、八尾島、小月尾島，都同時在1903年6月亮燈放光。[26]

七、結論

　　綜合上述各燈塔的落成年代，再排列整理如下：

澳門東望洋燈塔　　　　　　　　　　1865年9月24日亮燈放光

香港鶴嘴燈塔　　　　　　　　　　　1875年4月1日亮燈放光

23　西脇久夫編：《燈台風土記》（東京：海文堂，1980），54頁。

24　同上，56頁。

25　同上，57頁。

26　日本燈臺局編纂：《日本燈臺表》（東京：燈光會，1936），231至232頁。

長江口大戰山燈塔　　　　　　　　　　1869 年開始燃燈放光

日本觀音埼燈台　　　　　　　　　　1869 年 2 月 11 日點燈放光

朝鮮白岩、北長子嶼、八尾島、

小月尾島等四燈塔　　　　　　　　　　1903 年 6 月亮燈放光

據以上類比，可確認東望洋燈塔是東亞最老的近代燈塔。

近代燈塔從西方東傳，是人類文明進步的其中一項成就。但重溫這段歷史，可以認識到燈塔建造的背後，潛藏着西方列強的重大利益——除保護他們龐大船隊的海運安全外，還有承建燈塔和銷售鏡機的收益，都是十分可觀的。燈塔建成後的營運，須與國際密切聯繫，比較複雜，皆由洋人管理。中國由清而入民國，燈塔的管理都是交由外國人統籌。如清光緒六年（1880 年），燈塔管理員洋人四十七名，華人一百名。民國二十年（1931 年），洋人四十一名，華人六百二十三人，[27] 最高統領海關總稅務司梅樂和是赫德的外甥，至 1943 年才解職離華。[28] 眾所周知，燈塔與海防有着密切的關係，何以會長期任由外國人來管理，其軟弱無能竟至於此！

反觀日本，在不平等條約下，以洋人利益為中心，於 1869 年建起第一座近代洋式燈塔——觀音埼燈台。接着的十年間，日本人努力跟隨洋人學習建造和管理燈塔。明治九年（1876 年），所有燈塔的管理員都交回日本人自己出任；明治十三年（1880 年），將所有擔任燈塔的外國技術人員全部解僱，翌年再請走燈塔洋教官，從而使燈塔的一切事物，不假手於外，全部由日本人自己掌控。[29]

今天，中華民族已懂得自強不息，走獨立自主的道路。

27　海關副稅務司班思德著，署副稅務司李廷元譯：《中國沿海燈塔誌》，51 頁。

28　中國社會科學院近代史研究所翻譯室：《近代來華外國人名辭典》（北京：中國社會科學院，1981 年），321 頁。

29　西脇久夫編：《燈台風土記》，232 頁。

鶴咀燈塔：

懸崖上的守望者

　　西倚龍脊，北望石澳，鶴咀海岸保護區將大自然的鬼斧神工，像禮物一樣送給世人。人們可以到這裏的天然海蝕洞「蟹洞」前面感受驚濤拍岸，在「雷音洞」處聆聽海的呼喚，又或是到岸邊觸摸石灘上潔白的鯨魚骨架，眺望蔚藍深邃的海平面。在這些自然奇觀面前，人們也許會忽略他們身後那紅灰相襯的礁石上方，有一座近一百五十歲的燈塔立於高崖之上，彷彿在保衛着這一番秘境。它就是香港第一座燈塔建築——鶴咀燈塔，又稱德忌立角燈塔（Cape D'Aguilar Lighthouse）。

一、鶴咀燈塔的古與今

　　自 1869 年蘇伊士運河開鑿後，中外通商活動愈趨頻繁。當時的香港開始青雲直上，水上交通亦相當繁忙。出於貿易船隻航行的需求，眾多商人聯名向英政府提出興建燈塔的訴求，要求在進入香港港口的航道沿岸，選擇適當的位置興建燈塔，為來往的船隻指引方向，減少航行事故的發生。

　　1873 年，香港船政廳長湯姆塞特（Henry G. Thomsett）就燈塔選址提出建議，他在報告中提到，鶴咀、青洲和歌連臣角這三個地點全部位於香港水域，地理上又能扼守香港東西兩面入口，為進港的船隻導航。[1] 至此，鶴咀燈塔的興建事宜才提上日程。1875 年，鶴咀燈塔正式完成建造工程，落成啟用。燈塔當時的造價約 15,000 元，[2] 採用煤和石油氣燈照明，天朗氣清時，訊號燈發出穩定的白光，能照到 23 海里以外。

1　　Ha, L., & Waters, D., "Hong Kong's lighthouses and the men who manned them", *Journal of the Royal Asiatic Society Hong Kong Branch*, 2001, 41, p. 286.

2　　香港古物古蹟辦事處官方記載，此處的「元」不同於現在的港元。Legislative Council of Hong Kong. (March, 1874), "VOTES AND PROCEEDINGS OF THE LEGISLATIVE COUNCIL OF HONGKONG".

現時的鶴咀燈塔（圖片來源：英國皇家攝影學會會士李仕翔）

　　鶴咀燈塔主體呈純白色，佇立在懸崖之巔，面望外海，背靠山林，為出入船隻導航。燈塔塔身由花崗石砌成，是一座呈圓筒形的建築物，屬於維多利亞時期的巴洛克風格建築。從外面看，燈塔由燈頭和塔身組成，中間以圓形長廊圍繞連接。原本整座燈塔高約 18 米，現在剩下的兩層塔身只有 9.7 米。燈塔底座和拱形入口都由粗琢石塊砌成，在正門上方的塔身第二層有一個四方形小窗口。

　　進入塔樓，走上兩層旋轉樓梯，燈頭（燈室）便映入眼簾。燈室裏面設有旋轉透鏡，最內層是燈芯。燈室被玻璃窗包圍，上面有一個形狀如同帽子般的圓拱頂，為燈器遮風擋雨。頂上呈球狀的把手，是燈室用於排氣的通風口。而通風口上面就是塔頂，那裏有一支會隨風轉動的風向儀。燈塔管理員會用它來觀察風向，每隔幾小時記錄一次。百多年後的現在，燈塔的底座、螺旋樓梯和拱門上精心雕琢的幾何圖案與花紋，仍清晰可見。鶴咀燈塔工藝之細緻和精巧，對現代建築設計仍有深遠的啟示和借鑑意義。

　　在鶴咀燈塔默默服役十八年後，它的命運迎來轉折點。同樣位於香港東南端的橫瀾島燈塔很快開始啟用。由於地理位置優越，橫瀾島燈塔的視野覆蓋範圍比鶴咀燈塔更廣，繼續保留鶴咀燈塔意義不大，且維護成本也較高昂，故最終於 1896 年停止運作。

　　不過，當時的另一座小島青洲上也有燈塔，青洲燈塔的照明儀器等級只屬四級號燈。為提升照明裝置的性能，在 1905 年，政府決定將鶴咀燈塔上已停用的一級號燈，及其附屬設備遷往青洲重新安裝使用，並為了配合此燈器的尺寸，重新建造了一座新青洲燈塔，繼續鶴咀燈塔未完成的使命。最終，閒置多時的鶴咀燈塔，也於 1975 年安裝了新式自動燈器後，重新亮燈服役。因此，大眾如今看到的鶴咀燈塔是一個只有燈器而丟失燈室的建築，但它的生命在這片海域上得以延續，重新指引航行者前路的方向。

　　時間的車輪永不停歇，鶴咀燈塔所處的區域，後來也發生了不少

上　：鶴咀半島的天然海蝕洞（圖片來源：英國皇家攝影學會會士李仕翔）

下　：鶴咀燈塔地理位置圖

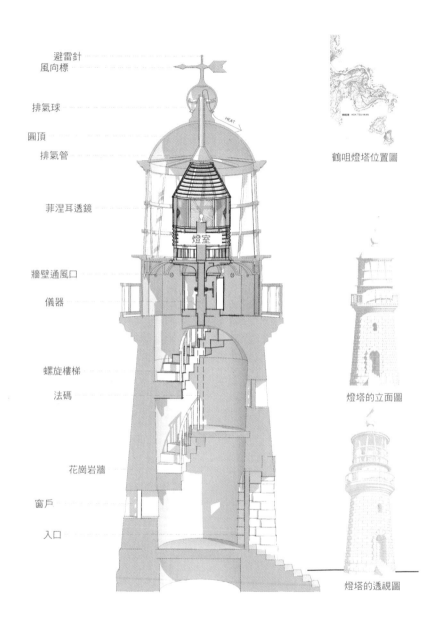

避雷針
風向標

排氣球

圓頂

排氣管

菲涅耳透鏡

燈室

牆壁通風口

儀器

螺旋樓梯

法碼

花崗岩牆

窗戶

入口

HEAT

鶴咀燈塔位置圖

燈塔的立面圖

燈塔的透視圖

鶴咀燈塔三維建模圖（圖片來源：燈塔項目團隊製作）

變遷。大東電報局（其後改組為香港電訊）在博加拉炮台舊址設立電話通訊站、地面衛星接收站和海底電纜站，外人若想進入該區域，需向有關部門申請。1990 年，香港大學在鶴咀燈塔旁興建海洋科學研究所，研究、觀察海洋生物在不同生活環境下的變化。1996 年，漁護處指定鶴咀燈塔附近區域為海岸保護區，用於保育海洋資源及進行科學研究。2000 年，這座香港現存歷史最悠久的鶴咀燈塔，被古物古蹟辦事處列為歷史建築，並在 2006 年被破格列為法定古蹟。

　　幸好鶴咀半島位處偏遠的地理位置，鶴咀燈塔的歷史建築便躲過一劫，得以保留。現在人們若前往香港島南區赤柱，以及鶴咀半島南端的石澳，仍能一睹鶴咀燈塔屹立的芳容，觸碰到歷史在文物建築上留下的印記。駐足在懸崖峭壁上，鶴咀燈塔背後的蔚藍天空與大海連成一片，崖底下的海浪不斷拍打着礁石，激出一道又一道層層疊疊的浪花。鶴咀燈塔一如歷史的觀望者，在時間浪花的拍打下，默默注視着大海，凝視着世界的發展。

大東電報局（圖片來源：英國皇家攝影學會會士李仕翔）

上　：鶴咀燈塔建築群遠景
　　　（圖片來源：英國皇家攝影學
　　　會會士李仕翔）
下　：從博加拉炮台遠望鶴咀燈塔
　　　（圖片來源：英國皇家攝影學
　　　會會士李仕翔）

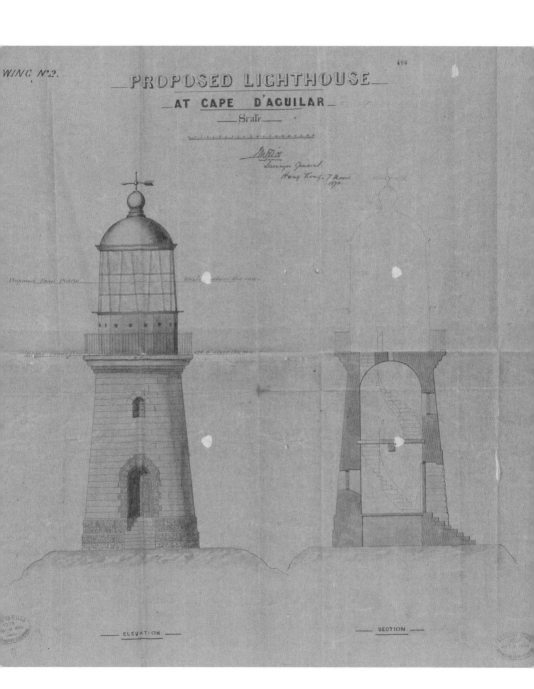

鶴咀燈塔手繪建築原圖（圖片來源：英國國家檔案館，檔案編號 CO 139/165）

二、鶴咀燈塔的延續

鶴咀燈塔的青睞者甚多，香港海事博物館的首任館長戴偉思歷年來專注香港的燈塔研究，鶴咀燈塔正是他研究中的一項重要課題。他步行來到鶴咀燈塔下，望着眼前的海角浪濤追憶那些與海相伴的歲月，講述傳承及保護香港海洋文化的感悟。他出生在一個海軍家庭，自小在海邊長大，服完兵役後便來到香港，展開了對香港燈塔的研究和保育。他畢生致力於世界海洋研究，對燈塔的發展諳熟於心，希望通過學術研究向世人展現燈塔背後深遠的香港歷史。

在沒有全球定位系統的年代，燈塔是海上航船的指路標兵和安全保障。沒有燈塔，數以萬計的船隻就不能保證正常航行，船員的生命安全也無法得到保障。1873 年，港英政府通過了《香港燈塔條例》，決定以向船主收取燈塔稅的方式，興建香港有史以來的第一座燈塔——鶴咀燈塔，讓光亮盡可能為船隻指引盲區，排除危險。

儘管當時的資金有限，但這座古老燈塔的建造依然讓人着迷。整座燈塔看似由天然的岩石砌成，充滿不加雕飾的美感。實際上，它的每一寸肌理都經過了石匠的精心雕造，底座石頭的切割斜角、每層石頭之間的間隙以及顆粒質感的表面，都不是理所當然的天然工藝，而是恰到好處的巧奪天工。建造完工的鶴咀燈塔不僅僅是一座輔航建築，還是當時建築美學的體現。但再美好的事物還是敵不過世事的變幻，1893 年，控制着通向珠江東南入口的橫瀾島燈塔開始運作，於是鶴咀燈塔在三年之後正式退役。

鶴咀燈塔並不是個別例子。隨着全球定位系統愈來愈普及，世上一座又一座的燈塔正在逐漸熄滅。經歷了百多年風雨的燈塔，漸漸變成了文化遺產。這些拯救了無數水手生命的建築，未來到底何去何從，我們不得而知。鶴咀燈塔正如一首新詩所描述的那樣，憑着潔白的肉身繼續散發光亮。

左上：鶴咀燈塔的塔身正面，原始燈室於 1905 年移至新青洲燈塔
　　　（圖片來源：英國皇家攝影學會會士李仕翔）

右上：鶴咀燈塔入口側面（圖片來源：英國皇家攝影學會會士李仕翔）

下　：鶴咀燈塔的底座，可見顆粒質感的石頭表面（圖片來源：英國皇家攝影學會會士李仕翔）

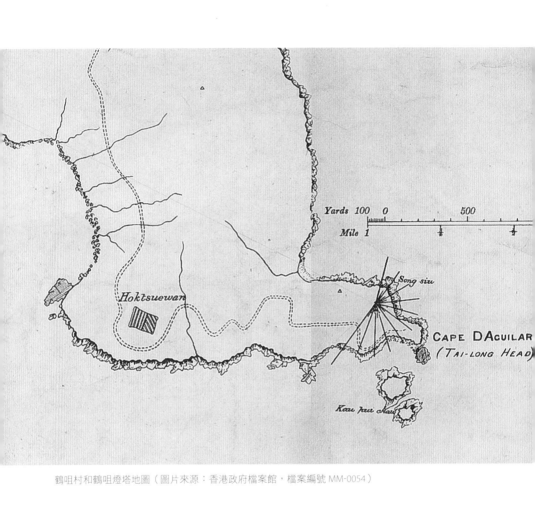

鶴咀村和鶴咀燈塔地圖（圖片來源：香港政府檔案館，檔案編號 MM-0054）

新詩〈鶴咀燈塔〉

作者：揭春雨

每一刻歷史都分娩歷史的下一刻
每一道光都分娩下一道光
哪一道波浪
不趕來生死在這茫茫的大海上？
香港，你要駛往何方？

歷史的陣痛
在大地上裂出多少山川溝壑峽谷
在礁石上拱起一條條摳入大海的手指
青筋爆發：一些骨節散落成島嶼

大地的陣痛向大海延伸
直到無處可去
在海崖盡頭
孤獨起一顆巨齒，咬住空氣

牙齒的疼痛是向天空投射的燈
迸發出光：但再渺小的光也穿透迷霧，撕開黑夜
牽引水手的眼睛

哪一道泥土的起伏
不是一道不肯伏死的波浪？
哪一條河流的宛轉
不流傳岩漿復活的聲響？

但歷史深處吹出的風

從來沒有方向

風的深處吹出的帆

命中註定只把遠方認作故鄉

香港，你要駛往何方？

你看，這留守的燈塔，過期的臉

已讓風雨和歲月幾番合謀摸走頭頂的燈

剩一座潔白的肉身

在散發一節骨頭應有的明亮

1960 年代的鶴咀村（圖片來源：朱駿靈先生）

鶴咀村碉樓

三、正在遠去的鶴咀村故事

　　鶴咀燈塔的周邊有一座村落，叫鶴咀村。以前村裏居民大多姓朱，因此這裏也被當地人稱為朱家村。鶴咀燈塔見證過這條村落人聲鼎沸的熱鬧日子，也親見過這條村落風雨飄搖、動盪不安的數百年歷史。

　　當地村民的族譜記載，他們的祖先名為朱居元。乾隆時期，朱居元帶着八個兒子和一個女兒，從大坑村移居至鶴咀。當年，朱氏先祖不斷墾殖，生活日漸富裕，因而為盜賊所垂涎，屢次遭受滋擾。為了防止海盜入侵，村民斥資興建碉樓，以保衛族中貴重財產。在碉樓的周邊，還有一些砲台和砲樓，是二戰時期為了防禦日軍登陸而建造的軍事設施。如今不少遺址上已刻下殘忍的戰爭痕跡，堅固的壁壘已成廢墟，剩下崖頂密林處的些許磚塊在向世人敘訴光陰的故事。

　　當地的村民朱駿靈先生，對燈塔和附近的砲台就有着深刻的記憶，「我們過去經常開車到鶴咀燈塔那裏玩。那裏旁邊還有一些砲樓、砲台。我們經常在裏面燒烤。」但對於過往不堪回首的歷史，人們早已遺忘。時過境遷，年輕一代的村民都離開偏遠的鶴咀村，搬去了繁華的市區，只剩下為數不多戀舊的人，仍然留守這裏。從香港舊日測繪的地圖中可以看到，彼時的鶴咀村還叫「鶴咀圍」，是一處典型的香港圍村部落，沒有外姓人來此居住。鶴咀圍時期，這裏還很興旺，連石澳居民都會徒步到此地酒樓喝茶。而從 1960 年代的照片中，同樣可以清晰看到鶴咀村學校，沿途的公共電話和村巴也透露出舊時祥和、繁榮的氣息。

　　朱先生望向鶴咀燈塔的方向，憶起幼時放學後的傍晚和同齡小孩結伴去鶴咀燈塔底下玩，去砲台邊燒烤，去河裏捉魚蝦，天黑了才依依不捨地回家。那時候的他見到的鶴咀燈塔已經沒有燈頭，只能望向對面橫瀾島山上的燈塔，那裏的燈塔反而有燈。小時候他在山上到處走，玩得很開心。山下的村裏有兩條河，他就走到那裏捉蝦，但現在河水已近乎乾涸，被茂密的植物遮蓋，河裏更是沒蝦可以捉了。與燈塔、砲台這些大歷史相映着的，是與百姓息息相關的生活往事，是鶴咀村這一代人的共同回憶，是傳統圍村生活逐漸消逝的標誌。

　　「大部份朱姓人都出外工作，很少回村。我已經退休了，還是很樂意住在這裏。」朱先生感慨。如今年輕的鶴咀村民都搬去了繁華市區，仍留守的村民為數不多。昔日鶴咀村的喧嘩早已不復存在，可見的只是來來往往的登山客，以及稀稀疏疏的老房子。而朱先生一家則在村子裏搭建起洗手間，開設了小士多，供來來往往的途人歇息。問及留下的原因，除了環境好之外，「習慣了」是朱先生仍然停留在鶴咀村，陪伴着碉樓、燈塔的原因之一。

　　鶴咀村雖然逐漸變得冷清，但到這裏來的遊客卻絡繹不絕。相比其他「禁區」上的燈塔，鶴咀燈塔並不孤單，愈來愈多的遊客發掘到它的輔航功用和歷史價值，並傳播開去。至於 1875 年鍛造的那盞照明燈，至今仍屹立在青洲島，繼續向香港西邊的海域閃耀。作為陸地上精湛的建築和工程作品，作為海上船隻的守護者，鶴咀燈塔將永遠留在那些被它光芒照亮過、在它指引下完成航行使命的人心中。

　　燈塔背後，不僅是燈塔，是時代的回憶，也象徵着美好的未來。鶴咀燈塔告訴了我們過去的歷史，而它的器官——照明燈被移植到青洲燈塔，繼續發光發熱。

請掃描二維碼，欣賞《燈塔記憶：香港》紀錄片。[3]

請掃描二維碼，欣賞《燈塔記憶：鶴咀燈塔》紀錄片。[4]

3　　香港城市大學：紀錄片《燈塔記憶：香港》，2016 年，https://bit.ly/3p9Tg8b（瀏覽日期：2023 年 5 月 5 日）。

4　　香港城市大學：紀錄片《燈塔記憶：鶴咀燈塔》，2019 年，https://bit.ly/3RYi8Zc（瀏覽日期：2023 年 5 月 5 日）。

香港舊、新青洲燈塔：

新與舊的傳承

　　「天氣好時，我看到那微微亮光愈來愈亮，我們所有香港船員一般都會在那刻感到很開心，因為那代表快回到自己的家香港了。」香港海事博物館的榮譽顧問童恩通船長，回顧船歸香江的殷切期盼時，提到了這座位於香港島西北方的燈塔。一個多世紀以來，一路伴隨香港走向繁榮的航運業，一直默默為這小城輸送物資。而那些航行於茫茫海上的遊子，在靠近維港的那一刻，到底是依靠哪座燈塔的指引，為心中又遠又近的距離，一次又一次縈實地拋下那忐忑的錨？

一、新舊青洲燈塔的更替

　　青洲位於香港島堅尼地城西北角的一座小島，中間隔着硫磺海峽，與島嶼東面的小青洲合稱為大小青洲，是由南部海域進港船隻的必經之地。整座島嶼被鬱鬱蔥蔥的植被覆蓋，由遠處眺望，像一座漂浮在海中央的綠色植物園，青洲故此得名。島的西面矗立着一新一舊的兩座燈塔，共同組成了青洲燈塔建築群。新與舊的傳承故事，在此地展開。

　　為輔助進入維多利亞港西部的船隻導航，1875 年 7 月 1 日，由當時港英政府興建的青洲燈塔正式落成並啟用，僅比香港第一座燈塔——鶴咀燈塔晚三個月。青洲燈塔猶如一個哨兵，守衛着香港最西的邊防重鎮。其塔身呈深褐色，是細小的圓柱形，以花崗岩建造，高約 12 米，進出燈塔的大門邊緣裝飾有粗面隅石。塔身外壁有兩個「十」字形採光通風口，開口與雕鑿和中古時代歐洲堡壘上的槍眼十分相似，亦與基督教中的主要象徵標誌十字架有幾分共通。打磨平整的花崗岩塔身表面，仍保留一絲粗礪氣質，整體設計簡潔，渾然一體而不乏古典韻味。

　　在塔身主體大概 3 米開外的位置，坐落着一幢白色二層建築，是建於 19 世紀末的前歐籍職員宿舍。這本是一幢單層樓房，直到 1923 年才加建頂層。雖經年月洗禮，建築也由後人重新粉刷修葺，但建築

新舊青洲燈塔合影（圖片來源：英國皇家攝影學會會士李仕翔）

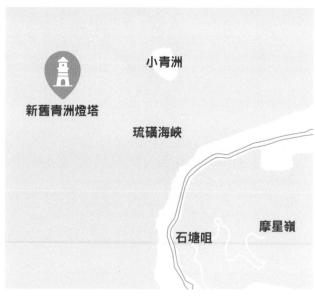

上　：新舊青洲燈塔建築群航拍圖
下　：新舊青洲燈塔地理位置圖

內部仍保留了部分具有古典風格的裝飾構件。20 世紀初，香港燈塔管理員仍然由歐籍人士擔任。從廳內牆角保留的壁爐，能一窺當年燈塔管理員在此生活的痕跡。

　　1892 年，船政廳長湯姆塞特提議，將鶴咀燈塔上已經停用的一級號燈及其附屬設備遷往青洲，以取代青洲燈塔上的四級訊號燈。無奈當時的青洲舊燈塔塔身較小，無法滿足燈器的架設。為了容納訊號燈，當時便在舊燈塔旁興建了一座更加高大的新塔樓。1904 年，新塔樓始建，並於翌年正式亮燈投入使用。自此青洲舊燈塔完成了它的使命，將指引航向的重任交棒給新燈塔。

　　青洲新燈塔整座建築物外牆均髹上白漆，除方便航海員辨認，亦有隔熱功能。新燈塔高 17.5 米，呈圓柱型，以花崗岩和混凝土建造，塔身下半部設入口供人員出入，門上開有一小窗，門及窗戶上端邊沿均飾有平圓拱型的灰塑裝飾。塔身上半部分裝飾有美觀的鑄鐵藝術風格欄杆，工藝精巧。頂部裝設有鋼鑄訊號燈，由交錯平行的鋼鑄結構與透明玻璃罩共同組成燈室，是香港現存最古老的燈室文物。它與馬祖東莒百年燈塔的燈室外觀完全一致，據推測是由英國燈塔工程公司 Chance Brothers 於 1870 年代初同批製造，並一直沿用至今。

　　經過申請，特准前往青洲考察，由船靠岸登島，沿着一段斜坡拾級而上，撥開一片茂密植被，一新一舊、一高一低兩座燈塔印入眼簾。歷經百年滄桑，新舊交替的兩座燈塔彷彿穿越時空，完整地呈現在世人面前。進入塔身，沿着由磚石鋪砌而成的螺旋型樓梯向上，撫摸燈塔內壁，感受由時間、海風、空氣洗禮後的斑駁牆面。

　　登上位於燈室下方的平台層，能看見至今仍保留完好的紅白相間方磚鋪設而成的地面，和鋼鑄鏤空的環形排水孔。室內的木製牆壁呈深沉的暗褐色，牆上飾有羅盤形狀的金屬裝飾構建，因經年累月的風化，金屬表面已被氧化。從略顯狹窄的平台層室內踏出室外，即被遼闊海面上氤氳淡淡鹹味的海風包裹，能看見遠處緩緩駛過的貨輪，以

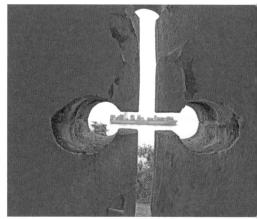

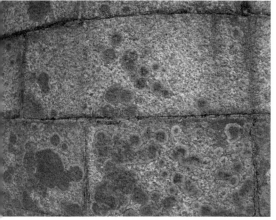

左上：舊青洲燈塔的「十」字形採光通風口（圖片來源：英國皇家攝影學會會士李仕翔）

中上：舊青洲燈塔塔身外壁的「十」字形採光通風口（圖片來源：英國皇家攝影學會會士李仕翔）

右上：從舊青洲燈塔的「十」字形採光通風口望向海面輪船（圖片來源：英國皇家攝影學會會士李仕翔）

左下：舊青洲燈塔塔身外壁歷經歲月的斑點（圖片來源：英國皇家攝影學會會士李仕翔）

右下：職員宿舍一隅的舊式壁爐

上　：從青洲新燈塔塔身整體照，可看到燈塔的外形和構造
下　：馬祖東莒燈塔照片，可跟青洲新燈塔的燈室與其外觀作對比

及連綿起伏的島嶼。陽光透過頂部的鏤空飛檐，將光影灑落在雪白的燈塔外壁上，亦灑在用油漆刷着的數字「69」上，這個號碼既標識着青洲燈塔的座標，亦講述了這座燈塔背後的往昔歲月。

二、守護燈塔的維修員

　　1936 年 7 月 17 日接近正午，葡萄牙籍二級燈塔管理員司路花及兩名華工江右和王作三人，循例乘船前往青洲燈塔附近所屬的海面，對小型煤氣閃光燈進行維修檢查。正在裝填燃料時，燈泡突然爆炸，當場將三人炸至重傷。在青洲燈塔的執勤人員聽聞爆炸聲，立即向船政署報告。隨後，船政署派船將司路花等三人載返西環岸上，緊急送往國家醫院救治。當時三人的頭部、面部和手部皆受重傷，血如泉湧。搶救至下午五點半，遺憾司路花因傷勢嚴重，搶救無效逝世，年僅 38 歲。兩名華工中，江右傷勢嚴重，王作稍輕，所幸都無生命大礙。[1]

　　19 世紀到 20 世紀初期，燈塔及其附近海面的燈標仍採用乙炔氣（煤氣）操作的導航燈。燈標是起助航作用的導航標誌，可以幫助船舶駕駛人員在駛近港口時，了解港口航道的方向、界限和航道附近障礙物等情況。船員利用這些設定在固定點的目標或信號，確定船舶所在位置。由於海上風浪和惡劣天氣因素的影響，煤氣燈損耗極快，也易遭受破壞，常需專人進行檢修維護。煤氣燈在當時已算是最先進的燈標發光技術，然而也常有安全隱憂。燈器檢修人員的技術經驗再嫻熟豐富，也無可避免需冒着生命危險在風大浪大的海上工作。為保證船隻進出的安全，司路花、江右、王作三人是這段歷史的書寫者，司路花甚至為此付出了自己年輕的生命。

1　〈青洲燈塔煤燈昨午發生爆炸慘案〉，《天光報》，1936 年 7 月 17 日，第三版。

新青洲燈塔塔身上的窗戶（圖片來源：英國皇家攝影學會會士李仕翔）

　　進入 21 世紀之後，一些老舊的燈器逐漸被捨棄，多數香港燈塔改為自動化，燈塔管理員被除役。燈塔管理員過去每日須記錄六次氣壓、氣溫、風速等數據，現已改由自動氣象站每一分鐘觀測紀錄一次。然而即便技術進步，燈塔依然需要人力維修。梁耀光是前香港海事處助理輔航設備監督，從事燈器管理的工作二十多年，目前已經退休。維護燈塔和燈浮標是他往常的工作之一，這份聽起來風平浪靜的工作，卻是在驚濤駭浪的環境下完成的。「我們的員工在燈浮標上面維修，就好像在坐機動海盜船一樣。」梁耀光回憶起自己與同事們出海維修燈浮標的經歷，種種險境仍然歷歷在目。

　　二十多年前，他與同事接到訊號，一盞編號為 TCS1 的燈浮標熄滅了。他們即刻出海，前往距離橫瀾島一海里的位置維修，以保證附近船隻安全航行。當日海面吹五級東風，大雨滂沱，船體搖晃劇烈，船上人員很難在甲板上站穩。「那天我在燈浮標上工作，有三種水，第一種是汗水；第二種是鹹水，鹹水從海面上打上來；第三種水，就是雨水。」[2] 三種水將梁耀光打得全身濕透。在劇烈的風浪和大雨中，保持身體平衡已是難事，同時還要集中精神維修，對體能和意志都是很大的考驗。即便置身危險之中，燈器狀況和燈閃頻率的檢查也容不得半點閃失。除了出海維修燈浮標，燈塔的燈泡檢修也是梁耀光的職責所在。現代的燈塔已無人看守，需要專人定時上島檢修燈器的狀況。每一次登上青洲島，他都要重新檢查每一項儀器是否運作正常，並確保燈泡尚未超過使用期限。

　　漆黑海面上的一點燈光，承載着維修員肩上的責任，亦時刻撩撥着家人的心弦。二十多年前，梁耀光曾在出海工作歸來後，跟太太分享當日的危險經歷。太太聽罷說：「你有沒有想過辭職？這份工作實在

2　　香港城市大學：紀錄片《燈塔記憶：青洲燈塔》，2019 年，https://bit.ly/3fSA7CQ（瀏覽日期：2022 年 4 月 17 日）。

梁耀光於青洲燈塔檢修燈器

太危險了。」太太關切的發問曾經使他的內心劇烈動搖，但轉念又想，他的工作是以自己的技術為航行海上的海員提供安全指引，正如他入職時便牢記在心的一句話：我們工作的質素，就是他們生命的保障。

三、燈塔照亮歸家路

　　一百多年間，青洲燈塔見證了無數船隻進出香港，亦見證香港由一個貧瘠荒蕪的小漁村，發展成繁華都市的軌跡。1950 至 1970 年代的香港還未成長為今日的國際金融中心，但航運業的發展為當時許多家庭提供了就業機會，出來行船謀生是很好的選擇。

　　年過花甲的現任香港海事博物館名譽顧問童恩通，當年就是離家打拼的行船人。他曾在輪船公司做船長，在第一次航海中就與燈塔結下了不解之緣。1963 年 11 月 7 日，童恩通隨行船隊由香港出發，前往新加坡，開啟了他的第一次航海生涯。船行駛 11 日後，終於即將抵達新加坡。他回憶，當日他們見到的第一座燈塔就是霍斯堡燈塔（Horsburgh Lighthouse），也是由東邊進入新加坡時最重要的一座燈塔。馬六甲海峽有許多淺灘礁石，假如未能及時認出這座燈塔，船隻

極有可能擱淺。當時航海設備簡陋，不如今日的航海定位系統發達，海員夜間在海上航行，燈塔的作用至關重要。船員須得通過燈塔幫助確定船隻的位置，才敢持續向燈塔方向航行，燈塔閃光就是最為可靠的信號。對於童船長來說，燈塔就像他在海上漂泊時一位值得信賴的老友，老友的燈光在茫茫夜色中，總能帶來一份踏實與心安。

每一座燈塔都有不同的光程和閃光頻率，由外海駛入香港，橫瀾島燈塔作為前哨站，是最先為海員提供方向信號的燈塔。駛過橫瀾島，第二個提供信號的就是青洲燈塔。青洲燈塔每隔十秒鐘閃爍一次，時隔多年，童船長仍能對這個頻率熟記於心。每當見到這個熟悉的光頻，他與所有香港船員內心都充滿欣喜與迫切。大家都知道，他們的家香港就在面前。船隻進入香港海域須在西環拋錨，拋錨的位置就是以青洲燈塔的方向為準。船員確定拋錨位置後，跟海事處報告位置，一艘船才算是安心歸港。百年來，青洲燈塔佇立於此，為無數來往船隻在航向香港前提供最後一道指引。

1950 年代之前，燈塔管理員一直由歐洲籍人士擔任。花維路曾在橫瀾島上照看了大半輩子的燈塔，為了能有更多時間陪伴妻子和子女，獲批准於 1965 年調往青洲。他的大女兒花嘉蓮回憶，常她還是個小女孩時，會希望周末天氣好一點，這樣她就可以乘船前往青洲看望她的父親。青洲離家近，不像橫瀾島那樣路途顛簸遙遠。島上的時光對她來說是珍貴而神奇的，因為一家人終於有時間齊聚島上，她和妹妹花嘉詩覺得整個島彷彿都是屬於她們的。她與父親相處中最難忘的事情，是父親一年一度在青洲舉行的聖誕派對。「他會邀請所有朋友和家人，以及他熟悉的漁民參加。晚飯後便是晚會的高潮，他會從人群中消失，換上另一種裝扮：頭戴假髮，身穿草裙。最重要的是，他在比堅尼上衣塞兩個橙子，然後開始為我們跳草裙舞，讓每個人的臉上都露出笑容。」

童恩通船長（右）早年跑船謀生留影（圖片來源：童恩通船長）

　　現在的青洲燈塔建築群，還保留着從前燈塔管理員的宿舍。進入宿舍內部，仍能看見懸掛於浴室門上的提示牌，上書：「因水壓不足，連續二人沖涼後，須候十五分鐘才可繼續，以免發生危險。」足以窺見當年島上水壓不足和淡水資源的有限。宿舍旁有一個籃球場，如今雜草叢生，早已荒廢；而側後方還保留有一個加蓋的狗籠，可以想像當年生活在島上的職員，開暇時一起運動、與小狗一起嬉戲玩耍的歡

上　：花維路與家人在青洲燈塔管理員宿舍前留影
　　　（圖片來源：花維路家人）
左下：花嘉蓮和花嘉詩在青洲盪秋千留影
　　　（圖片來源：花維路家人）
右下：花維路在青洲用水澆花
　　　（圖片來源：花維路家人）

花維路（第二排左三）與弟弟（第二排右二）、朋友合影（圖片來源：花維路家人）

聲笑語。這些逐漸被雜草覆蓋的點滴痕跡，還在訴說着那段在島上孤獨、堅守的歲月。

四、穿越百年的青洲燈塔

鴉片戰爭後，英國着意將香港建設成自由港，亦開啟了近代貿易史。自那時起，香港就憑藉天然的深水泊位和優越的地理位置，吸引了來自世界各地的船隻。19 世紀，西方商人看到香港發展成為商港的潛力，建議在香港水域興建燈塔。1875 年 8 月 12 日，倫敦英國海道測量部的海道測量官伊文思（Fred J . Evans）公佈了一則航海通告，通知船員：香港青洲燈塔已於 1875 年 7 月 1 日起亮燈，較鶴咀燈塔首次亮燈遲近三個月。[3] 塔上置有照明儀器固定四等屈光鏡，可射出紅色及綠色燈光。燈光距離海平面約 95 呎，天朗氣清時，光程可達 14 海里，是船隻由西邊經過主要航道進入維多利亞港時的重要導航設備。除卻導航功能，青洲島旁的硫磺海峽海床很淺，對比舊地圖上的光圖，可以發現向海峽一邊為紅色，意在提醒航海者進入海峽須小心。

自 1875 年青洲舊燈塔和 1905 年新燈塔落成，距今已逾百年，是香港現存五座戰前燈塔的其中兩座。舊青洲燈塔最初建立時的造價只及鶴咀燈塔的一半，主要原因是鶴咀燈塔的體積比舊青洲燈塔大。後來，橫瀾島燈塔亮燈，鶴咀燈塔失去作用。船政廳長湯姆塞特建議，將鶴咀燈塔上的燈室和燈器移置青洲。但舊青洲燈塔塔身太小，無法安置鶴咀燈塔的頭等白色透鏡，所以港英政府在 1904 年，批准撥款興建新青洲燈塔。二戰期間，日軍入侵香港，對維多利亞港進行轟炸。青洲燈塔位於香港島西邊小島上，有着重要的戰略導航作用，才倖免於難，得以在戰火中保留下來。

---

3   Fred Evans (October, 1875). Notice to Mariners. *The Hongkong Government Gazette.*

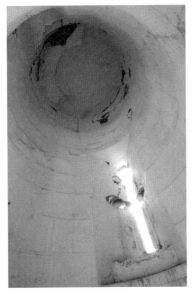

上 ：舊青洲燈塔內部
　　（圖片來源：英國皇家攝影學會會士李仕翔）
下 ：新青洲燈塔內部燈器

　　青洲燈塔管理員宿舍建在青洲燈塔旁邊。當舊青洲燈塔落成時，燈塔管理員宿舍有兩個房間。1887 年，即舊青洲燈塔亮燈後十二年，因歐籍燈塔管理員持續反映宿舍空間不足，因此港英政府的量地官裴樂士建議擴建宿舍，並得到當時立法局的財務委員會批准。當新青洲燈塔於 1905 年開始修建時，燈塔管理員宿舍的擴建工作也由此展開。根據美國海道測量部於 1915 年的出版物，燈塔管理員宿舍在 1982 年 6 月 9 日後，曾改作警察康樂中心。2004 年，宿舍和四周庭園範圍（燈塔除外）又租予基督教互愛中心，作為青少年戒毒治療及康復中心之用。近年該物業已由政府產業署收回管理。燈塔管理員是確保燈塔可以正常運作以保障航行安全的重要力量。當舊青洲燈塔於 1895 年啟用時，會安排一名歐籍燈塔管理員和兩名華籍燈塔助理管理員駐守；而當新青洲燈塔於 1905 年啟用時，則安排一名歐籍燈塔管理員、一名華籍助理管理員和一名苦力駐守。

　　進入 21 世紀，隨着燈器向自動化方向過渡，燈塔管理員逐漸被除役，大部分燈塔只需檢修員定期上島維護設備，即可維持正常運轉。青洲燈塔也不再需要專人看守，那些陪伴燈塔往昔歲月的人們，也漸漸淡出了歷史。但即便如今導航技術已經發達，進出維港的船隻仍需青洲燈塔作為重要的信號標誌。兩座矗立百年的「兄弟」燈塔，依舊面朝大海，向歸鄉的遊子發出來自家的召喚。

五、燈塔與現代香港社會

　　西環卑路乍灣公園是一座以航海為主題的公園。如果留心觀察，會發現園內的許多小建築都帶着深深的航海印記，不少航海燈標、燈器退役後都成為了園內裝飾的一部分。曾經直面風雨，被吹打的航海設備如今大隱於市，與市民一起享受着它們曾經守護過的這份安寧。

　　2003 年非典型肺炎爆發期間，童恩通船長所在的船公司結業了。

那時剛上任香港海事博物館主席的 Anthony Hardy 打電話給他，表示想在香港開設一間海事博物館。香港作為世界的航海中心之一，卻連一間海事博物館和航海學校都沒有，甚為可惜。他們希望推廣香港成為世界航海中心的這段歷史。一通電話，讓退休後的童船長再次忙碌起來，他自願作為義工參與博物館的創建。從船模的挑選到航海模擬駕駛室的籌建，都付出了大量心血。對於能將自己畢生從事的航海事業，通過博物館的形式再次呈現給社會大眾，童船長很有成就感。海事博物館的籌建，都是由各船公司捐出展品，童船長希望讓香港的新一代能夠通過觸摸實體模型，了解香港由一個漁港成為世界航運中心的艱苦旅程。對如今已很少出海的梁耀光，將多年維護搶修燈器浮標的經驗傳授給年輕人，就是他新的使命。

　　1970 年代後，青洲燈塔上的燈器改為全自動化。2008 年，當時的發展局局長林鄭月娥簽署文件，宣佈青洲燈塔建築群被香港古物古蹟辦事處列為法定古跡，它也是香港現存五座戰前燈塔中的兩座。如今，青洲燈塔已不對外開放，以保證燈塔的日常運作。但遠足人士仍然可以登上摩星嶺遠眺青洲燈塔建築群，或在中環碼頭及港澳碼頭搭乘渡輪出發，於維多利亞港的西邊航道入口路過青洲時行「注目禮」。可見青洲燈塔仍是我們生活環境的一部分，它正如律政詩人古松所寫的詩一樣，照亮黑暗，指引遠方。

　　〈燈塔〉

　　　作者：古松

　　　是誰在茫茫大海

　　　那一片漆黑中燃點

　　　如北斗般的閃爍

左 ：西環卑路乍灣公園內的舊燈器
右 ：新青洲燈塔晚間亮燈

在波濤洶湧中撫慰
舟人海隅命運中的索解
哪怕是一根柴火
你都輕輕地和我橫渡
漆黑的彷徨和孤獨中
你是舟人最美的印記

 請掃描二維碼，欣賞《燈塔記憶：青洲燈塔》紀錄片。[4]

---

4   香港城市大學紀錄片：《燈塔記憶：青洲燈塔》，2019 年，https://bit.ly/3fSA7CQ（瀏覽日期：
     2023 年 5 月 5 日）。

黑角頭燈塔 / 汲水門燈塔：

被遺忘的燈塔

　　香港島小西灣的海角山崖上，坐落着香港最古老的三座燈塔之
一──黑角頭燈塔。百年過去，燈塔原本的塔身和燈室竟全然不見，
逐漸為人們所淡忘。而香港島西側遙望的馬灣島嶼上，汲水門燈塔面
臨着同樣的窘境，儘管它是香港最先實行自動化運轉的燈塔，但幾乎
沒人知曉它的存在。已被淡忘的黑角頭燈塔和汲水門燈塔，在香港的
航運史上，到底有着怎樣的獨特價值呢？

如今的黑角頭燈塔

一、選址建立黑角頭燈塔

一座燈塔不僅可以指示港口航道，還可以提醒海員避開潛在的危險。早期香港的主流航道與現今不同，船隻出入維多利亞港口須經過大東門海峽（藍塘海峽）及鯉魚門海峽。此處海面航道狹窄，極易發生事故。

1873 年，一場可怕的觸礁事故就發生於此。半島東方輪船公司的博加拉號（SS Bokhara）（也譯為博卡喇號）首航離港前往印度。船隻在接近鶴咀半島的航線上，因缺乏燈塔的指引，過早向右轉舷（右轉），撞上一塊未知的岩石，船身幾近沉沒。其後，博卡喇號被運往九龍進行維修，那塊岩石也被命名為博卡喇礁石（Bokhara Rocks）。

因為事故影響重大，航海安全當即被港英政府列為重要議題。擬建於鯉魚門海峽附近的黑角頭燈塔，也因此為人們所重視。1873 年12 月，港英政府通過《香港燈塔條例》，賦予港督權力，在香港的主要航道沿岸首次構建三座燈塔，分別是鶴咀燈塔、青洲燈塔以及歌連臣角燈塔（Cape Collinson Lighthouse），後者現稱黑角頭燈塔。1875年，鶴咀燈塔和青洲燈塔相繼啟用。原本計劃與這兩座燈塔同年啟用的黑角頭燈塔，由於其訊號燈裝置被誤送至南非好望角，故被延後一年才能投入服務。

1876 年 3 月 1 日，位於香港島東面小西灣的黑角頭燈塔亮燈，正式啟用。燈塔可同時發出白色光線與紅色光線，白光照向東面水域航道，紅光則照向東南和西南方向之間的一片礁石區域，警示危險。[1] 這種特殊的燈光設計，正是為了避免博卡喇觸礁事故再度發生，提醒來往船隻留意紅光區域的海上暗礁。此後，來自越南和東南亞方向駛來的船隻，從西邊經過雙四門水域和鶴咀半島後，只有看到黑角頭燈塔

1　Ha, L., & Waters, D., "Hong Kong's lighthouses and the men who manned them", *Journal of the Royal Asiatic Society Hong Kong Branch*, Vol. 41, 2001, p. 288.

黑角頭燈塔

東龍洲

五分洲

鶴咀半島

上　：黑角頭燈塔地理位置圖

中　：海上的暗礁哈拉排

下　：博卡喇號 SS Bokhara（圖片來源：
　　　SS Bokhara image record－October22
　　　1892－THE ILLUSTRATED LONDON
　　　NEWS 507）

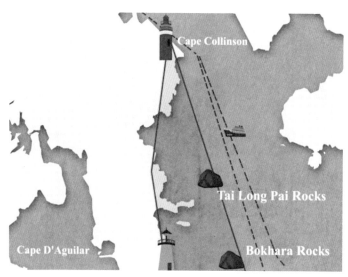

黑角頭燈塔燈光示意圖，輪船行駛路徑是白光覆蓋範圍
（圖片來源：燈塔項目團隊製作）

發出的白光，才知曉船隻已進入安全範圍，可左轉進入大東門海峽。
而從東邊來的船隻，則需要小心地將船隻駛於白光照射的範圍內。

　　香港建立燈塔以前，船政廳長湯姆塞特先生寫到：「每當黑夜來
臨，船隻只能停止航行，徹夜停在原地，只因為他們無法辨別方向。
惟有在黑夜中苦苦等待太陽升起，方可前行。」[2] 然而，隨着航運業日
益發展，來往維多利亞港的船隻絡繹不絕，這種方法便行不通了。

　　黑角頭燈塔建成後，夜間航行安全性提高，船舶不用再苦苦拋錨
等待。船長只需觀察燈塔的光線顏色，即可判斷航行水域的安全性。
如今，黑角頭燈塔每 10 秒閃 2 次，白光可達 15 海里遠，紅光則為 12
海里。多年以來，這是香港獨有的燈光分區模式。遠洋航船便在黑角
頭燈塔紅白燈光閃爍的指引下，安全駛入維港。

2　　1887 年港務長報告第 8 段。

二、今日的黑角頭燈塔

黑角頭燈塔是香港最古老的三座燈塔之一。二戰時，黑角頭燈塔未能倖免，遭受重創。戰後的古建築保育工作，也沒有受到重視。時至今日，黑角頭燈塔早已不復當年的模樣。

建立之初，黑角頭燈塔的成本遠遠低於鶴咀燈塔和青洲燈塔。燈塔的資源配備和燈塔透鏡裝置的不同，導致了成本的差異。最初的鶴咀燈塔採用的是最高級的一等燈，鏡頭大約 6 噸重。青洲燈塔採用四等燈，鏡頭重量大約在 0.2 至 0.3 噸。而黑角頭燈塔最初只採用了六等燈，鏡頭重量在 0.03 至 0.1 噸，且只配備了一名燈塔管理員。

燈塔的透鏡價格和照明需要，決定了三座燈塔的配置區別。鶴咀燈塔和青洲燈塔位於維多利亞港口的束面和西面主航道口，各自擔任着導引船隻進入港口航道的重任。船隻需要在遠距離見到這兩座燈塔的燈光，為船隻的航行方向定位。黑角頭燈塔位於束面主航道的藍塘海峽和鯉魚門海峽之間，關鍵作用在於輔助船隻經過此處狹窄的航道，避開海上暗礁。六等燈器價格相對低廉，幸好光程範圍足以擔當此任。

二戰時，黑角頭燈塔遭到破壞，1947 年才復燈。兩張舊照片記錄了這座燈塔在 1950 年代的舊貌。當時的黑角頭燈塔全身白色，立於尖形海角山頭，方形的燈座上置有一個圓柱形燈室。燈塔背後是一座由磚塊建成的房屋，供燈塔管理員居住辦公。一根細繩懸於燈塔前方的空地，其上晾曬着洗淨的衣物。整座燈塔建築群半隱在綠林草木間，平生一分隱士之感。

直至 1966 年，黑角頭燈塔被清拆，只留下一座原本為燈塔管理員居住的白色方形建築物。時過境遷，沿着小西灣球場附近的龍躍徑斜坡向上，右轉踏入黑角徑，走過狹窄的石階路，步行大約十五分鐘便可抵達。舊時的燈塔已整個消失不見，取而代之的是放置於建築物屋頂的一個紅色訊號燈。它孤獨地被攔在一張巨大的鐵絲網之後，不再

1950 年代的黑角頭燈塔近景（圖片來源：Andrew Suddaby, https://gwulo.com/atom/33471）

左上：1950 年代的黑角頭燈塔和燈塔管理員
　　　房屋（圖片來源：Andrew Suddaby,
　　　https://gwulo.com/atom/33472）

右上：1950 年代的黑角頭燈塔建築群遠景
　　　（圖片來源：Andrew Suddaby, https://
　　　gwulo.com/atom/22411）

下　：立於燈塔管理員房屋頂的黑角頭燈塔

讓人親近，周圍荊棘叢生，落葉堆積，教人連入口也辨不清，全然一副蕭條破敗之景，令人唏噓。

黑角頭燈塔曾在香港航海事業發展中充當了非常重要的角色，如今卻無人問津。它已經隨着樣貌的改變，消失在人們的記憶中。人們路過小西灣時，遠望如今的訊號燈，卻想不到它曾有過一段光芒歲月。

三、汲水門燈塔的歷史痕跡

1860 年之前，香港的邊界只到鯉魚門對岸的海岸線上。往後簽訂的一系列條約，讓英國管轄的領土和香港水域範圍隨之擴大。港英政府開始修建燈塔，改善航道輔助設施。1902 年，港英政府在鯉魚門海峽的兩處位置設立輔航燈標。三家村之南的一處礁石和鯉魚門海峽港島邊的海防博物館旁，分別設立了 88 號鯉魚門（九龍）燈標及 89 號鯉魚門（港島）燈標。兩處燈標標示出維多利亞港的東邊界線，以便附近船隻航行。鯉魚門海峽兩岸興建燈標不久，汲水門燈塔也得以建立。

1904 年 8 月 22 日，香港內陸水域西北角的馬灣島嶼上點亮了一座燈塔，名為汲水門燈塔。這座燈塔的名稱來自於它照耀的汲水門海峽，地處大嶼山東北及馬灣島嶼之間，是維多利亞港的西面出口，與東面的鯉魚門海峽相對。因此，燈塔所在的汲水門是西邊進出香港的主要水道之一，這片水域也因其地理位置有一番歷史往事。

自香港領土割讓後，許多商人便借香港這個「自由港」為跳板，通過汲水門進行走私活動。走私活動意味着當局應收的稅款變少，清政府自然不會坐視不管。1871 年，清政府粵海關於汲水門設立稅關，依法徵收關稅，並安排武裝緝私船，藉此打擊從香港出入的走私船。如此一來，中國的總稅收不斷增加，尤以粵海關為首。

但這樣的局面不為港英政府所樂見。1886 年，中英雙方簽訂《管理香港洋藥事宜章程》，英方認可了中國海關九龍稅務司的合法地位，

上　：汲水門燈塔地理位置圖

下　：江啟明繪畫 88 號鯉魚門燈標（圖片
　　　來源：Hong Kong Baptist University
　　　Library Art Collections, https://bit.
　　　ly/39JR7sa，瀏覽日期：2022 年 6 月
　　　20 日）

上　：青馬大橋下的汲水門燈塔
左下：馬灣舊碼頭
右下：汲水門燈塔

但就強硬要清廷聽從由英國人掌管九龍稅務司。1887 年，中國海關總稅務司署正式成立九龍關，任命英國人摩根擔任中國海關九龍稅務司，並接管原屬粵海關管轄的四個稅關關廠，當中包括汲水門。汲水門稅關即改隸於九龍關下。

1897 年，馬灣建立新的九龍關，並在這裏設立「九龍關」及「九龍關借地七英呎」兩塊石碑。兩塊石碑的出現，源於汲水門九龍關欲修建一條小路通往碼頭，方便海邊稽查工作。因小路要經過馬灣鄉村的民地，九龍關和馬灣村民協商約定此事，並承諾路寬不超過七英尺，立碑為證。1990 年，馬灣鄉事委員會建碑亭，將石碑保護起來，並由張寬林在兩碑中間題字記錄石碑來歷。時至如今，碑上字跡已然模糊，僅有兩行可依稀辨清，燈塔項目團隊現將石碑上的字跡還原如下：

溯自香港割讓給英國後，清政府便在本鄉設置九龍關。有光緒廿三年，即西元一八九七年所泐碑石為誌。翌年，一八九八年，清政府又將九龍租借予英國，九龍關遂被迫撤離本鄉，遷往寶安縣大劖，留下《九龍關》及《九龍關借地七英尺》碑石兩塊，歷時百載，便成為今日本鄉歷史名勝古蹟之一，從而吸引萬千過客，駐足盤桓，留戀憑弔。

玆此碑石經歷滄桑歲月與戰亂災劫，雖然如此，碑石並未遭破壞，仍完好無缺，實屬罕見。今當九十年代，此碑石光輝地標誌著中英歷史關係的重要轉捩點，因此可見其歷史意義如何深遠，為世人所津津樂道。

今為確保此罕有古蹟免致湮沒無聞，特加營飾裝潢，度千百年後，猶能留存於世焉。

是為序。

張寬林題。一九九零年一月一日立。

「九龍關」及「九龍關借地七英呎」石碑

　　一年後，《展拓香港界址專條》簽訂。港英政府租借新界，馬灣成為英屬領地。與此同時，中國海關人員被迫撤離，舊九龍關失去了它原本的作用，日漸荒廢，此後更是永久關閉。惟有僅存的兩塊石碑，默默紀念馬灣移交英國管轄前的史事。

　　自從馬灣成為了英屬領地，港英政府便察覺有大量來往廣州和香港的船隻途經此處。汲水門海峽水流湍急（所以亦稱作急水門）、航道狹窄、行船凶險，港英政府決定於此地建立燈塔，使其成為維多利亞港口西北邊出入海口的指引光柱。時至今日，汲水門燈塔仍堅守崗位，利用太陽能供電，繼續發揮它的光與熱。可惜的是，這座燈塔雖歷史久遠，現在卻鮮為人知，地圖上也難找出它的蹤影。

四、劃時代的自動化照明燈塔

馬灣島嶼歷史悠久，島上的居民曾以耕種、捕魚及曬蝦膏為生。遊走在馬灣舊村，仍可見馬灣鄉事委員會、中國海關大院、芳園書室等舊址。馬灣舊碼頭的海灘附近，有一座天后古廟。傳聞古廟由海盜張保仔所建，以保當地人的平安。無論是馬灣舊村的村民，又或是來往港口的船員，都會來此參拜，祈求來自海上女神——媽祖的保佑。甚至有傳聞指，媽祖與船員依賴的燈塔有某種聯繫。當燈塔為船員指引方向，避開危險時，也許是媽祖於背後默默地給予恩典。建立在馬灣的汲水門燈塔，大概也有着女神的守護。

以前維護燈塔，往往需要消耗大量人力物力，還需定期補給，成本不菲。1916 年，汲水門燈塔成功升級為首座自動化操作發光裝置的燈塔。這項由瑞典的物理學家古斯塔夫・達倫（Gustaf Dalen）發明的裝置，降低了燈塔的運轉維護成本。

馬灣天后古廟內

　　1907 年，瑞典 AGA 工業氣體公司（Aktiebolaget Gasaccumulator）的首席工程師古斯塔夫・達倫發明了自動燈塔照明系統，稱為「太陽能閥」（Sun Valve）。他利用金屬熱脹冷縮的簡單原理來控制閥門，使其於日間自動關閉閥門，停止乙炔燃料供應，又於晚間自動開啟閥門，恢復乙炔供應。

　　這項發明實現了燈塔的自動化運作，工作原理也十分巧妙。太陽能閥裝置的中間柱子由鉑金製成，對溫度變化極其敏感，就算沒有陽光的照射，柱子也會隨着溫度不斷升高而膨脹。四根銀色柱子圍繞着中間的鉑金柱子，充當鏡子的角色，可以將光源凝聚於中央的柱子上。當溫度升高，鉑金柱子膨脹約 1 毫米，這毫釐之變恰好推動其下方的開關，關閉乙炔供應。而當夕陽西下，夜幕降臨，鉑金柱子隨着溫度下降而冷卻，柱子收縮後使裝置彈起，閥門重新打開，釋放乙炔氣體，點亮燈內的火源。

　　太陽能閥裝置的發明，減少了日間燃料的消耗，避免了不必要的能源浪費，降低了燈塔亮燈的整體能源用量。自動開關的乙炔氣體閥門，可免去諸多燈塔維護工作，使維護成本大大降低。這項發明利用

太陽能閥裝置（圖片來源：LHRC 團隊製作）

物理學原理，巧妙取代了燈塔管理員管理燈塔的工作，是燈塔照明技術的一次重大突破。汲水門燈塔首次運用這項發明，標誌着香港燈塔實現了劃時代的效能提升。

　　隨着馬灣舊村的沒落，連帶着汲水門燈塔也為世人所遺忘，或許只有來往汲水門海峽的船隻，才會留意到這座燈塔的存在。汲水門燈塔和黑角頭燈塔一樣，都見證了香港港口的蓬勃發展，為來往的船隻指引過方向。兩座燈塔歷史悠久，深究燈塔建立的原因，便可串聯起香港海港的歷史記憶，不應被淡忘。燈塔應被保護、被研究，從而實現文物古蹟以史為鏡的重要價值。唯有用心研究和保育，才能重新喚起人們對它們的關注，保留屬於它們的歷史。

請掃描二維碼，欣賞《燈塔記憶：黑角頭燈塔 / 汲水門燈塔》紀錄片。[3]

3　香港城市大學：紀錄片《燈塔記憶：黑角頭燈塔 / 汲水門燈塔》，2017 年，https://bit.ly/3TiHNNi（瀏覽日期：2022 年 5 月 5 日）。

橫瀾島燈塔：

人與海的守望

　　1929 年 1 月 16 日凌晨，香港東面的漆黑海域上，正颳着猛烈的
東北季候風。一艘名為「新華輪」的商船顛簸行駛，不幸在橫瀾島觸
礁。值班的橫瀾島燈塔管理員當即向香港方面拍發電報，上報船難，
請求支援。在觸礁之前，燈塔管理員就曾嘗試用摩斯電報與輪船通
信，警示船隻已偏離航線，無奈「新華輪」未配備當時先進的電報機，
雙方未能聯繫上。最終，輪船在離橫瀾島 300 碼外的海面沉沒。船上
大約三百多人罹難，永遠沉寂在這片深海之中。不幸中的萬幸，二十
餘人在黑夜中與怒濤搏鬥，最終，於晨曦獲救。主因是橫瀾島燈塔管
理員的及時偵察和通報，為他們贏得了寶貴的搜救時機。

一、修建橫瀾島燈塔

　　香港東南方向的海域上，有一座「鯨魚島」。從空中俯瞰，島嶼
就像一具浮出海面的鯨魚，鯨頭佔全身三分之一長，頂端長滿了綠色
植被，昂首坐落於西北方向，鯨尾與鯨頭相隔一段小水灣，嶙峋的鯨
骨礁石向東北方伸展。在鯨頭的最頂端，高高矗立着一座發光建築，
紅白相間的塔身映襯在翠綠植被中，那就是橫瀾島燈塔。自然秀麗與
人文建築，在這裏相遇。

　　1887 年 5 月 13 日，一位叫韓德善的英國人，手繪完成了一座燈
塔的建造圖則，也就是後來的橫瀾島鑄鐵燈塔。19 世紀，上海已經是
一座享譽世界的國際大都市。在海上貿易發展之下，清政府成立了海
關總稅務司，聘請世界各國的專家，在中國沿岸修建燈塔。[1] 當時的韓
德善，是世界上有名的燈塔工程師，曾獲得維多利亞女王頒佈的燈塔
創新發明專利書。1869 年，韓德善被清政府重金聘任為中國燈塔總工
程師，開始了他在中國的燈塔建造之路。根據 1933 年中國海關總稅

1　　Bickers, R. (2013)., "Infrastructural Globalization: Lighting the China Coast, 1860s–1930s", *The Historical Journal, 56*(2), pp. 431-458.

橫瀾島燈塔

左上：橫瀾島燈塔地理位置圖
右上：韓德善與家人合影（圖片來源：Felicity Somers Eve）
下　：立在鯨魚島上的橫瀾島燈塔俯瞰圖

務司署出版的《中國沿海鐙塔誌》記載，韓德善在中國服務二十九年之久，親手設計建造燈塔三十四座，改良舊式燈塔十座。[2] 光緒皇帝特別頒發雙龍寶星勳章，以表彰他對中國海事交通基礎建設所作的卓越貢獻。橫瀾島燈塔正是韓德善在清政府委託下所繪製的燈塔作品。

　　在橫瀾島燈塔出現之前，燈塔多以石材為原料，因抗強風，外型設計大都呈圓形。然而，橫瀾島地處偏遠，海途波瀾翻捲，停船靠岸不易，往返搬運石塊會有諸多困難。在設計之初，韓德善就決定運用當時的創新科技，採用模組式鑄鐵工藝，用螺栓固定，拼建橫瀾島燈塔。相對於石頭燈塔而言，鑄鐵式的燈塔外形奇特美觀，材質輕便，安裝更簡易快捷。1887 年，韓德善用黑色的筆墨，在建造圖紙上面完整勾繪出燈塔的外形和內部構造，由燈塔的底基和塔身的連接、貫穿燈塔內部中間的機械裝置鐵管、窗戶的佈局安排，以及塔身上的每一個螺栓和通風小孔，都能細緻了然，可見其構思和對工藝的追求，是何等的專精。今天試以電腦繪圖作對比，由比例尺的方法、圓的擺法，都與百年前韓德善的這張手繪圖一模一樣，可見當時的圖紙已畫得相當精準。依着這份圖紙，所有的鑄鐵塊都得以在法國加工完成，逐一編號，再運送到香港。

　　1893 年 5 月 9 日，新式別致的橫瀾島燈塔在歷經大半年的修建之後，正式亮燈啟用。燈塔塔高 52 尺（17.3 米），底層的塔身高 25 尺（8.3 米），下半部為白色，上半部為紅色；頂層是白色的燈室，透明的玻璃罩裏面，裝有頭等的透鏡。當時全亞洲唯有同樣出自韓德善之手，與橫瀾島燈塔外形相似的大連老鐵山燈塔，才裝有同樣先進的燈器設備。橫瀾島燈塔燈高 226 尺（75.3 米），8 噸重的照明燈器形似電風扇的圓形扇面，整體浮於水銀槽上，可以在亮燈旋轉時消除摩擦力。

2　　班思德著，李廷元譯：《中國沿海鐙塔誌》（上海：海關總稅務司公署統計科，1933）。

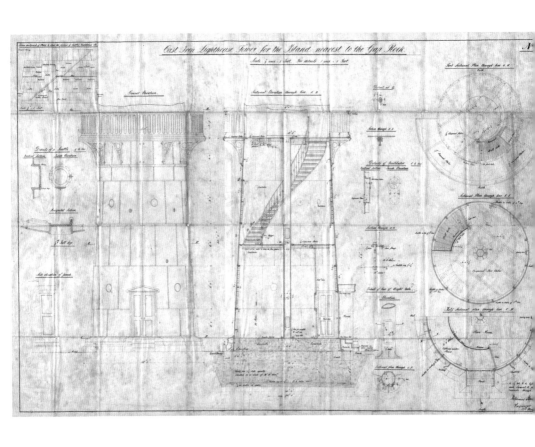

左　：1887 年 3 月 15 日韓德善手繪的橫瀾島
　　　燈塔建築圖則，勾勒了燈塔的外形和內
　　　部構造（圖片來源：Felicity Somers Eve）

右　：橫瀾島燈塔立面仰望

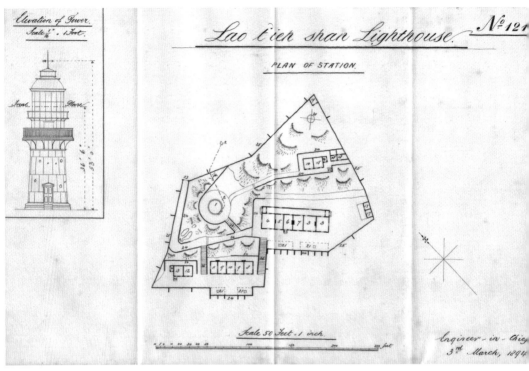

1894 年 3 月 3 日韓德善手繪的旅順口老鐵山燈塔地形圖（圖片來源：Felicity Somers Eve）

　　時至如今，橫瀾島燈塔依然矗立在海島之巔，是香港最光亮的燈塔。當初的設計圖紙仍完好地保存在韓德善的後人手中，紙張泛出歲月的微黃，上面的手繪數據仍清晰可見。在燈塔建成一百二十多年之後，韓德善第五代孫 James Somers Eve 應燈塔項目團隊邀請，越洋來港參觀橫瀾島燈塔。他登上橫瀾島鯨頭東面的碼頭，從一段蜿蜒向上的石板路上山，每塊石頭上還依稀可看出用紅顏料寫上的編號。拾階而上，半途會路過幾個儲水用的圓筒狀大水缸，旁邊是島上燈塔助理員居住的宿舍，呈東西佈局，白色牆身，紅色屋頂，和燈塔的配色遙相呼應。繼續往上走，踏上第二百二十三塊石板時，就到了山頂的平地，前面直通燈塔的大門；往西邊幾步，那裏曾立着一根高高的旗杆

和三座炮台，兩座朝東，一座朝南，這些都是燈塔管理員和船隻進行溝通的重要工具。燈塔旁邊，是燈塔主任辦公的樓房，從二樓的窗戶望出去，能看見山巒起伏，大海深遠遼闊。沿着路往鯨頭的魚鰓（中間）下方走去，那裏建有幾間二層平房，是位於山頂的宿舍區。這一切都如韓德善的圖紙上一般，建置在橫瀾島。他的後代跨洋來到這裏，撫摸過先祖曾設計建設的燈塔，仰望着這顆閃亮的明燈，與他進行了一場跨越時空的無言對話。從韓德善的一張圖紙開始，一座塔，一片宿舍，一群人，橫瀾島從此就有了人煙。

二、自給自足的孤島生活

　　1937 年，橫瀾島招聘燈塔管理員，二十歲的花維路開始了守塔的生活。橫瀾島早期的燈塔管理員，和花維路一樣都是外籍人員。他們需要精通機械維修工作，熟練使用英文，掌握海上國際信號，與來自不同國家的船隻進行交流。在那個年代，燈塔管理員要在島上駐守一個月，才有兩周的休假。[3] 每次當值，花維路都要從鯉魚門搭船到橫瀾島，一路上頂着風浪，左搖右蕩，及至到岸時，會暈得一塌糊塗。[4] 遇到風高浪湧，船隻靠不了岸，他只能站在以吊桿操作的籃子裏，被晃悠着蕩到岸上來。一旦踏上橫瀾島的礁石地，他就開始了守塔的職責。

　　橫瀾島的燈塔管理員日夜在崗，人工操作燈塔。每到傍晚，燈塔管理員都要點燃燈塔上面的煤油燈，依靠燈光為航船導引。點燈後，他們要用力拉一個頗重的大型鐘擺，讓它隨着聯動鋼索緩慢下落，將慢速的移動轉化成快速的牽引力，帶着內部的發條齒輪旋轉，燈室裏的雙面燈器便在底部齒輪的帶動下，循環往復地繞着那熾熱的油燈

3　　Kevin Sinclair, "Jar-lai is their darling: Gwei-lo who has devoted his life to Hongkong's fisherfolk", *South China Morning Post*, 17 Jan 1982, p.10.

4　　花維路的家在摩星嶺。

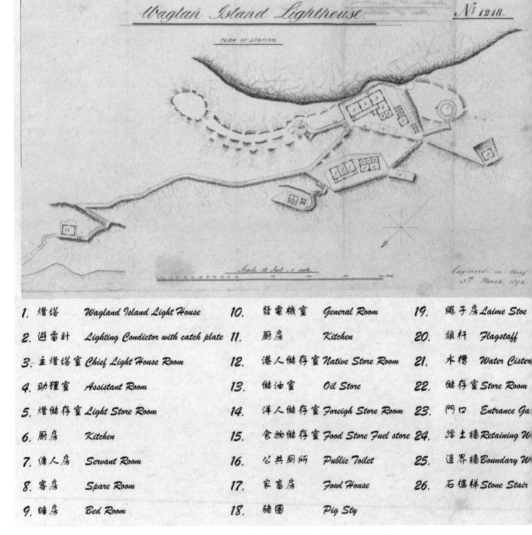

1.	燈塔	Wagland Island Light House	10.	發電機室	General Room	19.	繩子房	Laime Stoe
2.	避雷針	Lighting Condictor with catch plate	11.	廚房	Kitchen	20.	旗杆	Flagstaff
3.	主燈塔室	Chief Light House Room	12.	港人儲存室	Native Store Room	21.	水槽	Water Cister
4.	助理室	Assistant Room	13.	儲油室	Oil Store	22.	儲存室	Store Room
5.	燈儲存室	Light Store Room	14.	洋人儲存室	Foreigh Store Room	23.	門口	Entrance Ga
6.	廚房	Kitchen	15.	食物儲存室	Food Store Fuel store	24.	塔土牆	Retaining W
7.	傭人房	Servant Room	16.	公共廁所	Public Toilet	25.	進界牆	Boundary W
8.	客房	Spare Room	17.	家禽房	Fowl House	26.	石樓梯	Stone Stair
9.	睡房	Bed Room	18.	豬圍	Pig Sty			

1894 年 3 月 3 日韓德善手繪的橫瀾島燈塔地形圖，燈塔團隊注明圖中各處建築用途

韓德善第五代孫 James Somers Eve 與橫瀾島燈塔合影

旋轉起來，向朦朧幽暗的海面投下一片光亮。因島嶼地處香港最東南，從東面水域進入香港的船隻便會第一時間看見橫瀾島燈塔。橫瀾島燈塔的燈光，最初設定為每隔半分鐘循環閃動兩次，明亮的光柱在22 海里遠的海面都能看見。每兩個小時，燈塔管理員都要重新操作燈塔運轉的機械裝置，保證塔頂的燈光按照既定頻率有序地旋轉閃動。燈塔點亮後溫度很高，花維路記得曾經有人用燈頭上的煤油火來烹蝦，[5] 雖然這樣不合規定，但也可見燈頭燃燒釋放的熱量之高。

　　橫瀾島的春天，多大霧，行船在霧氣中，往往看不見燈塔的亮光。在這種情況下，船隻可鳴號向燈塔求助。橫瀾島設有三架炮台，早期使用霧炮向船隻發出訊號。《光緒二十年通商各關警船鐙浮椿總冊》記載橫瀾島的霧炮，若船隻在大霧時發出鳴鐘、吹螺、放汽等防

險號，燈塔管理員聽見後需放炮兩次，每間十五秒時一次，以作回應；若船隻繼續鳴號，表示船隻仍在行駛，應再放炮兩次，每間十二分時一次，以示燈塔所在。[6] 1922 年，島上安裝了霧號器，每兩分鐘響兩秒，只在故障時使用原來的霧炮。花維路當燈塔管理員時曾用火棉點燃霧炮，發出震天聲響。他戲稱自己沒有被炸上天堂，算是一個奇跡。

海上航行，天氣至關重要。橫瀾島位於香港最東南面的蒲台群島，是一座氣象前哨，可以為本港東面天氣提供預警。1950 年，香港天文台在島上修建了一座氣象塔，派遣人員進行氣象記錄和風向觀測。橫瀾島的氣候並不宜人，在花維路回答採訪的記錄中，關於天氣也總伴隨着不好的回憶。他記得有人曾去岸邊測量海水溫度，一去不回，天亮後便發現他的半截屍體被沖上了礁石，另一截則沒有蹤跡，可能是被船隻或什麼東西劃成了兩半。[7] 颱風來襲，橫瀾島也總是最先遭遇風浪襲擊。雷聲轟隆，水手稱作「聖艾爾摩之火」的叉狀閃電，映射在宿舍的整個牆面和天花板上，走馬燈似不斷變換。巨大的風浪翻滾撞擊在礁石上，浪花湧上兩百多尺高的燈塔上。島上人員必須鎖好門窗，待在室內，情況危急還要躲到地窖裏面。在這種極端天氣下，燈塔管理員困於荒島，孤立無援。厚重的黑雲遮住了天光，只有燈塔上的燈，還堅韌地在發亮。正如花維路所說，當燈塔管理員必須對這份職業擁有確實的使命感。他們無懼風雨，守着職責，護着光明與希望。

在橫瀾島上，燈塔管理員除了日常工作外，閒餘時的生活鮮有樂趣可言。生活物資在輪班時才運送一次，所有東西都要靠人力運到山

6　通商海關造冊處：《光緒二十年通商各關警船鐙浮椿總冊》（上海：通商海關造冊處，1894）。

7　Hilary Alexander, "Recollections of a Lighthouse Keeper", *The Standard*.

上去。直到後來，橫瀾島修了碼頭，從碼頭往山頂宿舍的方向建了一條纜索鐵道，再新建了停機坪，物資運送才算方便起來。那個年代沒有冰箱，多餘的食物都要存放在地窖裏。島上沒有淡水，生活用水都靠幾個儲水的大型圓柱水缸，住房也都設計了用以收集雨水的集水槽。人員用水，均需記錄在冊，洗菜、洗澡用水還要回收利用，拖地澆花。島上的生活，緊湊平淡，人在輪班休息的空暇時間裏，是最感孤獨的，須得做些事情，打發光陰。

橫瀾島上曾經養了幾隻貓，牠們和燈塔管理員同吃同住，互相依偎陪伴。閒暇時候，花維路也培養出了各種各樣的興趣，消磨時間。除了看書外，他還樂於做一個園藝家，在島上侍弄花草，妝點他們的島上家園。平日他也會和同事到礁石岸邊釣魚、捉蟹、挖螺。橫瀾島附近多漁獲，能找到如狗爪螺、螃蟹、鮑魚、紫菜等品種多樣的海產。下班後的燈塔管理員可以去礁石岸邊搜探，加菜改進伙食。此外，花維路還在島上闢了一塊地做菜園和養雞場，休班時便可種菜、餵雞，還能吃上新鮮的蔬菜和雞蛋。[8] 橫瀾島上的燈塔管理員用心讓孤島生活變得有趣，過着一種自給自足的生活。

一年之中，燈塔管理員大半時間都待在島上，最為思念和虧欠的就是家人。為了能有更多時間陪伴妻子和子女，花維路要求調離橫瀾島，於 1965 年轉職青洲，擔任爆炸品倉庫主管。[9] 但他在橫瀾島守塔二十餘載，在島上一待就是一個月，這份人與島之間的羈絆，是怎麼也無法割捨遺忘的。花維路之後的燈塔管理員，每次只需在島上駐守一周，遠遠生不出這種對橫瀾島的歸屬感。橫瀾島是花維路駐守時間最長的地方，是他的第二個家。

8　〈橫瀾島燈塔的印象（黎添）〉，《橫瀾島燈塔管理員花維路與水上人的故事》，2021 年，https://cityuhk-lms.ap.panopto.com/Panopto/Pages/Viewer.aspx?id=a38f24af-175d-4f3a-b7f9-adb1005bb1e9（瀏覽日期：2022 年 5 月 9 日）。

9　〈服務港府三十六年鑛物處花維露榮休〉，《華僑日報》，1971 年 1 月 20 日，11 頁。

上　：花維路（左）身穿海事處燈塔管理員制服留影
　　　（圖片來源：水上人黎添）

下　：橫瀾島燈塔管理員於 1960 年代升信號旗
　　　（圖片來源：水上人黎添）

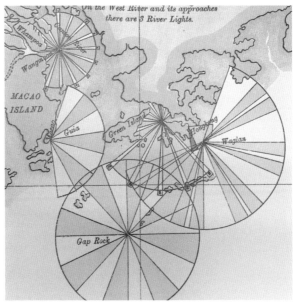

上 ：橫瀾島燈塔管理員使用摩斯信號燈與來往橫瀾島水域的輪船
　　通信（圖片來源：水上人黎添）

下 ：橫瀾島燈塔光程圖（圖片來源：哈佛大學哈佛燕京圖書館典藏）

上 ：國際旗號及國際電碼信
號（圖片來源：Boatpeople
Centre 水佬學堂：《水佬學
堂報考船牌天書》〔香港：
愉快主意，2021〕，頁35）

下 ：1910年發行的橫瀾島燈塔
明信片，可見當時的燈塔、
旗桿和霧炮台

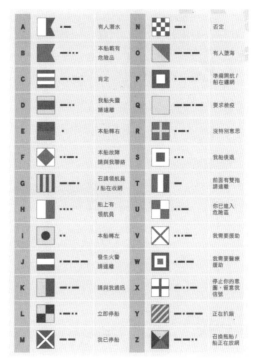

A		·—	有人潛水	N		否定
B		—···	本船載有危險品	O		有人墮海
C		—·—·	肯定	P		準備開航／船在纜網
D		—··	我船失靈請遠離	Q		要求檢疫
E		·	本船轉右	R		沒特別意思
F		··—·	本船故障請與我聯結	S		我船後退
G		——·	召請領航員／船在收網	T		前面有雙拖請遠離
H		····	船上有領航員	U		你已進入危險區
I		··	本船轉左	V		我需要援助
J		·———	發生火警請遠離	W		我需要醫療援助
K		—·—	請與我通訊	X		停止你的意圖，留意我信號
L		·—··	立即停船	Y		正在扒錨
M		——	我已停船	Z		召換拖船／船正在放網

HOUSE AND SALUTING BATTERY, HONGKONG.

三、回溯橫瀾島的歷史

1893 年橫瀾島燈塔落成，距今已過百年，是香港五座法定古蹟燈塔之一。這座燈塔歷經波折，身上殘存有時代的印記，見證了香港的往昔歷程。在橫瀾島開荒之前，清政府和英國已陸續簽訂《南京條約》和《北京條約》，割讓香港島和九龍半島給英國。當時的英國有着強大的海軍力量，皇家艦隊無遠弗屆。英國人遠渡重洋來到東方，踏上香港的土地，成立了港英政府。絡繹不絕的商船進出維多利亞港口，香港發展成重要的轉口港。但當時香港還沒有任何燈塔，遠洋的輪船若在夜晚時分行至香港附近水域，沒有燈塔的指引，不敢貿然入港。

1866 年，香港駐地測量船「步兵號」受命考察燈塔選址，船長列特中校的提議之一，就是香港最東南面的橫瀾島。[10] 橫瀾島位於通往香港的重要航道上，從東面水域進入維多利亞港的眾多商船都要先路過這個無人小島。在此修建燈塔，可以引領船隻安全進出港口，促進海事貿易的發展，利益多於成本。但是，當時橫瀾島及其附近水域並不歸港英政府管轄，清政府不允許港英政府在中方管轄海域建造燈塔，港英政府亦沒有能力撥款興建燈塔。往後二十多年，也有數次修建橫瀾島燈塔的提議，均因水域歸屬、管轄或資金問題而擱置。1888 年，每年經過橫瀾島的船隻噸位已將近 650 萬噸，在此修建燈塔已是大勢所趨。同年，清政府與港英政府最終達成協議，中國政府負責全資修建橫瀾島燈塔，由廈門海關管理燈塔的運作。但燈塔建成五年後，清政府和英國再簽《展拓香港界址專條》，橫瀾島被納入了港英政府的管轄之下。根據條約，橫瀾島燈塔在 1901 年正式移交港英政府，並改懸香港旗幟。此後幾十年，燈塔默默照亮着香港的東南方，指引着百萬船隻安全抵港。

10　Ha, L., & Waters, D. (2001), "Hong Kong's lighthouses and the men who manned them", *Journal of the Royal Asiatic Society Hong Kong Branch, 41*, pp. 281-320.

然而，日軍的炮火打破了這份平靜。1941 年 12 月，日本侵略香港，轟炸機投下一連串的炸彈。雖然港英政府的駐地軍隊和各種志願軍團曾作抵抗，香港最終還是被日本佔領。他們佔據重要的港口設施，大肆採挖礦產金屬，關押虐待戰俘平民。花維路一家當時也被囚禁在赤柱拘留營裏。幸運的是，他和他的家人熬過了那一段艱辛歲月，在克服重重困難後活了下來。

花維路在 1982 年接受《南華早報》記者冼樂嘉（Kevin Sinclair）的採訪時，用樂觀豁達的態度回憶赤柱往事。雖然他在赤柱度過了一段傷心歲月，但那裏也有一些趣味時光。在監獄裏舉行的音樂會上，他扮作芭蕾舞女演員跳舞，舞伴是幾個高大強壯的男警察。那是監獄生活中難得的娛樂，大家都玩得有點兒得意忘形，舞伴將花維路拋向空中時用力過猛，讓他斷了幾根肋骨。他仍舊回憶得起那段日子，經歷暴行和看到身邊的人被處決，但鐵網外面的警察總是為他們這些被拘留的人打氣。歷經三年又八個月的饑餓和絕望之後，終於迎來了和平與自由，但花維路沒能加入這場無力的慶祝。在此之前，花維路因病被送往澳洲臥床休養。日本投降不久後，他才重返橫瀾島擔任燈塔管理員，協助燈塔的修復工作。橫瀾島燈塔在炮彈轟炸中受損，塔上的燈頭嚴重毀壞，在戰後進行了更換，塔身也留下了坑坑窪窪的彈孔，修復的油漆也無法完全掩蓋那些炮彈痕跡。這段歷史已是橫瀾島燈塔歲月的一部分。

戰後幾十年，橫瀾島燈塔輝煌閃耀在東南方，是香港最重要的導航燈塔之一。不過，它也曾險遭拆除的命運。1966 年，橫瀾島燈塔已經有了七十多年的歷史，海事處登報向經常出入香港的輪船船長徵詢意見，討論它的留存。[11] 那時電子通訊已發展起來，遠洋船舶可以利用

11　〈船長們如不反對　橫瀾燈塔將拆除〉，《大公報》，1966 年 9 月 13 日，4 頁。

無線電接收信號，定位航行。另一方面，派員看守燈塔，定時維護，需要克服諸多困難。橫瀾島風高浪急，雷雨颶風天更是可怖，浪頭曾經將海沙席捲至燈塔，毀壞部分設備。[12] 在極端天氣下，接駁人員和運送物資的船隻也很難靠岸。拆除燈塔，是經濟成本考慮下的抉擇。所幸，船長們還是需要橫瀾島燈塔的指引，這盞遠洋明燈仍能繼續發光發亮，跟香港一起成長，見證東西海事貿易的往來發展。

四、換上現代科技的燈塔

橫瀾島燈塔看過千帆過盡，夜港繁華。1989 年，橫瀾島燈塔不再派人駐守，進入了自動化操作的新時代。黎國強是橫瀾島上的最後一批燈塔管理員，也是在這裏駐守時間最長的燈塔管理員，守望橫瀾島二十八載，[13] 但和燈塔告別的那一天，還是到來了。在現代科技的幫助下，燈塔已能自行旋轉發亮。島上新配置的自動化霧號、雷達追蹤系統、自動氣象站等一系列電子設施，可以保證橫瀾島燈塔的獨立正常運作。海事處只需一兩個月派人乘坐直升機降落橫瀾島，定時檢查維護設備，待不了幾個小時，他們就會離開。駐守維護燈塔的時代，似乎已然成為了過去，但對在那裏工作了數十年的黎國強來說，橫瀾島燈塔仍是他放不下的掛念。夕陽西下時，他依然會散步到石澳，遠遠地望着他熟悉的橫瀾島燈塔。

如今的橫瀾島燈塔，只有塔身還是原來的，燈室裏安裝的是 2010 年新更換的 LED 信號燈器，舊的 AGA 燈器解任，存於香港海事博物館。靠岸的碼頭，被 2018 年的超強颱風「山竹」吹離岸邊，上行石梯的道路兩旁長滿了雜亂的野草，燈塔管理員曾經居住過的房屋，半是

12　〈橫瀾燈塔失去作用　當局計劃予以拆除〉，《華僑日報》，1966 年 9 月 13 日，10 頁。

13　Caitlin Wong, "Goodbye to a Waglan Island tradition", *South China Morning Post*, 23 August 1989, p. 3.

左 ：安裝 LED 信號燈器的橫瀾島燈塔

右 ：二戰後橫瀾島燈塔新安裝的 AGA 燈器（現於香港海事博物館長期展出）

頹垣斷壁，窗戶已被颱風吹得四分五裂。舊時橫瀾島燈塔的樣貌，也不再為世人所知。但透過韓德善的設計圖紙和一張 1900 年發行的橫瀾島燈塔明信片，人們也許可以窺得它曾經的輝煌。在韓德善手繪的橫瀾島燈塔地形圖上，清晰地繪製了橫瀾島燈塔建築群的位置，分門別類地進行了編號。明信片中的建築佈局，也都可以在韓德善的地形圖上一一驗證。橫瀾島燈塔安然屹立在孤天碧海之中，旁邊就是燈塔管理員辦公的樓房屋舍，正對面立着一根挺拔的旗杆，其下是三座霧炮。見此圖景，彷彿能聽見橫瀾島的炮響從霧氣中傳來。

　　2000 年，橫瀾島燈塔被香港古物古蹟辦事處列為法定古蹟，它也是香港五座燈塔古蹟中，唯一一座由中國政府主持修建的燈塔。根據《船舶及港口管制規例》，橫瀾島已不再對外開放。這座來自於過去的燈塔，聳立於「鯨魚島」之上，指引着東面海域出入維多利亞港的船隻，以至借道而行的遠洋航船，通向未來的航道。那些與它有關的故事，也將如它熾熱的光亮一般，繼續燃燒。

請掃描二維碼，欣賞《燈塔記憶：橫瀾島燈塔》紀錄片。[14]

14　香港城市大學紀錄片：《燈塔記憶：橫瀾島燈塔》，2021 年，https://bit.ly/3CUEAhF（瀏覽日期：2023 年 5 月 5 日）。

專題三　清光緒年營造橫瀾島燈塔之文獻　　　黃天

　　景祥祜教授訪得哈佛大學圖書館收藏的《光緒二十年通商各關警船鐙浮椿總冊》，並將影印件贈我，以供研究之用，謹表謝意。

　　按該《總冊》所載〈第二十三鐙（與燈同）〉，其文如下：

　　廣州府新安縣直達香港之大東門，東南向橫欄洲海島，頂上設有頭等白色透鏡，乍明乍滅鐙一座，每半分時循環聯閃焰光雙次。鐙火距水面十九丈。[1] 晴時應照六十六里，[2] 除山勢高處掩蔽外，餘度俱見鐙光。該塔鐵質圓形，自基至頂高四丈四尺，上半紅色，下半白色。守鐙房垣俱白色。其度勢約在緯度北二十二度十一分十八秒；經度中國中線西二度十四分十七秒；英國中線一百十四度十八分一秒。該守鐙人遇大霧時，若聞船隻有鳴鐘及吹螺放汽等防險號，即放砲二次，每間十五秒時一次。如該船續用防險號，即知船仍行駛，應再放炮二次，每間十二分時一次，以示鐙塔所在。

　　此鐙雖設在粵海關界內，然係廈門關稅務司所屬之鐙。

　　　　　　　　　　　　　　　　　　　　光緒十九年（1893 年）設

　　英國在鴉片戰爭中取得勝利，打開中國門戶，並聯同西方列強在東亞開闢他們的殖民地，繼而用船舶裝載他們的工業產品，運到各個港口和殖民地傾銷。落後的手工業製品當然抵擋不住機械製品，西方列強的經濟掠奪節節勝利，滿載而歸。其時，列強的商船百舸爭流，舳艫相接，但海途凶險，颱風吹襲，巨浪暗礁，造成不少海難事故。為保安全，又為減少

1　　1 丈即 10 尺，1 尺等於 32 厘米，如是海關度量衡，1 尺約合 35.8 厘米。盧嘉錫總主編，丘光明等著：《中國科學技術史——度量衡卷》（北京：科學出版社，2003），423 頁、436 頁。

2　　1 里約合 560 米。

貨、船兩失，西方列強便將擁有導航功能的近代燈塔，推介到東亞。近代燈塔指引航向，對減少海上事故的發生，有着不可磨滅的貢獻。但以當時的輪船洋舶，絕大多數都是歐美國家的洋行船隊，鼓吹快速建造燈塔，很大程度是為了維護他們的利益。

　　西方列強在殖民地建造燈塔，當然擁有絕對的決定權。就算對手是一個獨立國家，他們也會軟硬兼施來鼓動。即使是日本，為爭取與英、法、美、荷簽訂《改稅約定》，也要同意在第十一條款訂明：「為確保航船出入安全，應要在港口建造燈塔、浮標。」[3]而當時以英國人建造燈塔的技術最高，燈器則數法國製造最先進，所以很多早期的燈塔都是由英法兩國包辦。

　　至於中國，積弱的清廷於 1863 年讓英國人赫德（Hart, Robert, 1835-1911 年）當上中國海關總務司，直至去世為止。赫德控制中國海關的稅收大權幾近五十年。關稅如何訂，對英、美、法等國有沒有特殊優惠？答案是路人皆知。當時港英政府為保港島外的海上安全，急欲建造橫欄（瀾）島燈塔，但橫瀾島還不是港英政府管領，日益繁忙的海運卻有建置燈塔的需要，於是他們透過自己的同胞赫德行事。事實上，赫德在同治初年已開始在中國沿海大建燈塔，建造費可由海關撥款，建成後也分由各地海關管理。但清廷深知建造橫瀾島燈塔，是港英請客，中國付鈔，所以沒有同意。建造橫瀾島燈塔的計劃提了將近二十年，也不知舉行了多少次會談，主要是討論由誰來出資，最終還是由軟弱的清廷出資建造。這後面的推動，赫德扮演了什麼角色，自然不言而喻。

　　橫瀾島燈塔是由韓德善設計，堅穩挺秀，同時配上頭等燈，是韓德善的傑作之一。原來大連老鐵山燈塔，亦出自韓德善手，也與橫瀾島燈塔同期落成，堪稱「姐妹塔」。但它們的命運又何其相似──橫瀾島燈塔根據

3　　西脇久夫編：《燈台風土記》（東京：海文堂，1980），54 頁。

《拓展香港界址專條》，於 1901 年移交給港英政府；而大連老鐵山燈塔，
於日俄戰爭（1905 年）後，落入日本管轄，[4] 直至第二次世界大戰結束，老
鐵山燈塔才重回中國懷抱。而橫瀾島燈塔恰好在《拓展香港界址專條》簽
訂後交給港英政府，又在此租借條約九十九年完結後，和香港一起回歸祖
國。

4   班思德著，李廷元譯：《中國沿海鐙塔誌》，76 頁。

燈籠洲燈塔：

汲水門的邊防明燈

　　香港現存的五座燈塔古蹟中，以燈籠洲燈塔建設年代最晚，卻是最早被納為古蹟的一批，距建成時間還不過百年。燈塔所在的汲水門地區，是香港出入廣州的重要航道之一。二戰期間，英兵曾在燈籠洲島上佈防偵察。燈籠洲燈塔的建立，也與這片土地的領土變遷有着千絲萬縷的聯繫。

一、汲水門航道上的燈塔

　　香港維多利亞港以西的進港航道上，有一座叫做燈籠洲的小島。從中環 2 號碼頭坐船前往珀麗灣，行近青馬大橋，可以在船艙的左側遠遠望見這座島嶼。全島長滿綠植，與後面山巒疊映相間，惟南部山頂冒出一截白色建築，那就是燈籠洲燈塔。在珀麗灣碼頭下船後，穿過城區往馬灣最南部的大排咀碼頭，更可以近距離看到這座海中小島。傍晚時分，山頂的燈塔每五秒間隔閃爍亮麗的白光。

　　燈籠洲西面的水域汲水門，是廣州來往香港的重要航道。童恩通船長早年行船常常經過此地。燈籠洲燈塔在他心中，也有着特別的印象。年輕時，童船長隨遠洋船去到世界各地，載滿貨物回到香港，再往廣州。那時，遠洋回航的輪船通常會從南丫島以東，香港島往南的東博寮海峽，經引水人領航入港；進入港口後就能看見燈籠洲燈塔，經燈籠洲前往珠江口。從廣州回港，又經汲水門水域向維多利亞港行進，看見燈籠洲燈塔便知家的方向近了。

　　汲水門雖然位置關鍵，童船長也提到此處行船危險，明清的輿圖便是佐證。在明代郭棐《粵大記》一書所附的《廣東沿海圖》和嘉慶版的《新安縣志》中，都有標示一個叫做「急水門」的地標。「急水門」即現今「汲水門」的舊稱。一個「急」字，暗示了這片水域流水湍急，航道狹窄。此外，海中還有暗礁，船隻若於夜晚或濃霧天氣在此航行，更易觸礁傾船。然而，這裏是連接廣州和香港的重要出入口，雖急流路窄，水文複雜，眾多貨運舟船仍要險行此地。因「急」字不吉

青馬大橋下的燈籠洲燈塔

利，其後改此地為「汲水門」，是謂「汲水無波」。

　　自古以來，燈籠洲燈塔所在的汲水門地區，都是重要的水上交通要塞。商船往來廣州貿易往往行經此處。在汲水門的島嶼山頂上修建燈塔，理當可以為這片水域的行船輔航，更加安穩出行。童船長回憶，香港的春季海面多霧，行船視野朦朧一片。船隻行至汲水門附近，便可憑着辨別燈籠洲燈塔的霧鐘，知曉船舶方位。及至後來，童船長恰逢機會上岸回到船公司任職總船長，還在燈籠洲燈塔附近水域經歷了一件驚險颱風紀事。

　　1980 年代，童船長的船公司有一艘四萬五千噸的木屑貨船 (船名：SS Eastern Wood) ，因航運蕭條，兩年來長期拋錨在汲水門水域以西，

那便是供大船臨時錨地的大小磨刀水域。每隔幾個星期，童船長都要從九龍乘坐當時主要的水上擺渡交通電船「嘩啦嘩啦」，上船檢查船隻。電船總會途經那座指引舟船的燈籠洲燈塔，前往貨船的錨地。

1983 年，愛倫颱風襲港，實乃 1979 年颱風荷貝後香港所經歷的最大颱風。依照香港海事處規定，在香港碼頭的大型貨輪必須駛離碼頭到海上的錨地避風，大型船隻必須要有船長、大副、大伸（輪機長）及三個海員在船上當值，保證船錨穩固，以免船隻在颱風中衝撞毀壞。颱風來襲前，童船長從船公司帶着幾位船員出發登上「嘩啦嘩啦」。電船出港經過燈籠洲燈塔，近中午登上了貨船。童船長在艦橋（船尾的位置）檢查航海儀錶，看到氣壓錶直往 1,000 百帕斯卡下降，並且還有持續下降的趨勢，立刻警惕起來。他連忙召集船員，拜託他們盡快恢復這艘已近兩年沒有啟動的貨輪，好讓貨船移動，拋下穩固貨船的雙錨。正常來說，船上的大型柴油發動機從冷車到回復啟航的動力，至少需要六小時。童船長和大家想盡辦法，終於在接近凌晨的時候恢復了船的動力，再經歷四小時的緊迫時間，下定了「八字錨」。次日下午，颱風才掠過香港，貨船基本沒有損傷，童船長和船員安全返家。但是，電視上鋪天蓋地都是多艘船隻在風浪中毀壞，人員傷亡的報道。童船長拋錨的貨船，是這場颱風中難得幸運的「福船」。

雨過天晴後，童船長又乘着嘩啦嘩啦經過燈籠洲燈塔，前往查看貨船。這座汲水門航道上的燈塔，依然是一座為往來舟船指引方向的海上尖兵。每每談及燈籠洲燈塔附近發生的這次危機，童船長都坦言，「行船跑馬三分險，小心駛得萬年船」。

二、燈塔與領土控制權的關係

燈籠洲燈塔位於汲水門，又稱汲星燈塔，扼於廣州和香港之間的重要咽喉位置。這座燈塔的建立，和這片水土的領土變遷有着莫大聯繫，同時也是二戰時期的重要邊防要塞。研究這座燈塔，可以看見香

上　：燈籠洲燈塔俯瞰圖
左下：燈籠洲燈塔地理位置圖
右下：廣東沿海圖中的「急水門」位置（圖片來源：明代郭棐《粵大記》一書所附的《廣東沿海圖》）

港的一段歷史。

　　兩次鴉片戰爭以後，清政府與英國先後簽訂《南京條約》和《北京條約》，割讓香港島和九龍半島給英國。至此，港英政府完全控制了維多利亞港，開始興建燈塔。香港早前的燈塔：鶴咀燈塔、舊青洲燈塔和黑角頭燈塔，均是在《北京條約》簽訂後，於 1870 年代由港英政府在香港島東西兩側的主航道興建。

　　燈籠洲燈塔所在的汲水門，位於當時清朝和英屬九龍邊界地區。1898 年，英國和清政府簽署《展拓香港界址專條》，汲水門所屬的新界離島地區不再屬於清朝。汲水門地處關鍵要塞，水上交通亦繁忙。簽署新界租界條約後，有關汲水門建燈塔的討論，自然多了起來。香港西商會以汲水門晚間海道昏暗，輪船往來不便為由，請求興建燈籠洲燈塔。[1] 這座燈塔建成於 1912 年，填補了香港島北部缺少燈塔的缺陷，也標示當時英國管轄領土的擴大。

　　1937 年 7 月 7 日，日本發動侵華戰爭，在佔取上海、南京後，更揮軍南下。1938 年 10 月 12 日，日本艦隊向廣東發起突擊，在大亞灣登陸。10 月 23 日，日本正式佔領廣州。毗鄰的新界、九龍，可謂唇亡齒寒。港英政府擔心，日本艦隊隨時可能從廣州出發，突襲香港。汲水門水域連接廣州和香港，是兵家必爭之地，防兵佈陣的重要地點。於是，同屬同盟國的中、英士兵開始在燈籠洲燈塔佈防，觀測附近海面敵情，以防日本艦隊從西北側海域突襲入港。

　　如今的燈籠洲島嶼上，還留有當時英兵居住的房屋和駐守的哨所。大樹的根緊緊攀附在老舊斑駁的牆壁上，細小的枝條伸進門窗，長出綠芽，展現出蓬勃的自然生命力。相隔不遠的燈籠洲燈塔，默默見證着這份過往的歲月，厚重的歷史。

1　　〈急水門建燈塔以便來往船隻〉，《香港華字日報》，1910 年 4 月 13 日，第三頁。

上　：1870 年代的香港海景景色，可見畢打街大鐘樓及山頂訊號台（圖片來源：《香港的蛻變》圖冊）

下左：香港西商會請建燈籠洲燈塔（圖片來源：《香港華字日報》，1910 年 4 月 13 日）

下右：燈籠洲島上英兵曾經居住的房屋被樹根包圍

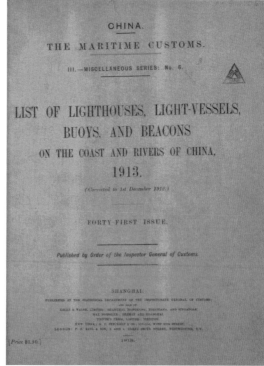

上　：花維路繪畫的早期燈籠
　　　洲燈塔（圖片來源：花
　　　維路家人）

下　：中國海關出版的英文版
　　　《通商各關警船鐙浮椿
　　　總冊》封面
　　　（圖片來源：哈佛大學
　　　哈佛燕京圖書館典藏）

三、框架式結構的燈塔

1912 年 4 月 29 日，燈籠洲燈塔啟用亮燈。整座塔以白色鋼鑄骨架建構，底部呈方形結構，是放置維修工具的儲藏室；中部是鏤空框架，內裏有一根貫穿、支撐燈塔的長柱；頂部繞有一圈圍欄，最初露天放置着一個紅色的導航燈。燈塔的主要導航作用，在於指引汲水門附近的船隻在夜間和霧天行船，因此這座建於燈籠洲山頂的燈塔，起初只裝置五等燈器，以油為燃料，聯閃發光。[2]

因所處位置關鍵，燈籠洲燈塔在中國海關、港英政府和日本的文獻中均有記載。日本的《東洋燈台表》[3]，詳細登記了燈籠洲燈塔的早期數據資訊，記作「急水島燈塔」。書中記錄，這是一座塔高 8.5 米，燈高 38 米的白塗框式塔；頂上的燈器每 5 秒閃一次白光，可照 10 里遠；島上設有霧信號裝置，霧天每一分鐘打鳴 4 至 6 回。燈籠洲燈塔在不同語種的文獻資料都有出現，也從側面顯示出它的重要性。

自燈籠洲燈塔建立，舟船在汲水門行駛便有了方位指引。這座燈塔也是當時唯一一座由中國人擔任燈塔管理員的燈塔，估計是因為燈塔所在的汲水門航道，出入的多是往來廣州和香港的船隻。燈塔旁側，立有一座磚構建築。這是以往燈塔管理員值班休息的居所，裏面有睡房、廚房、廁所以及儲物室。燈塔管理員輪班駐守，可從燈塔一側的樓梯登上塔頂，瞭望海面船隻，或查看維護燈器。

1960 年代，燈籠洲燈塔進行翻新維護。原本裝置於黑角頭燈塔上的燈頭經製造商維修後，最終安放在燈籠洲燈塔之上。鋼鑄骨架塔身，配上半部透明的圓柱燈室，便是現今燈籠洲燈塔的樣貌。如此一來，燈塔的塔高增高到 11.8 米，燈高 37 米，光程也遠至 18 海里，可以說燈籠洲燈塔自建立以來，名稱、燈器和外觀都經歷了一系列變

---

2   *Hong Kong Administrative Report* (1912).

3   水路部：《東洋燈樁表》（昭和 11 年 11 月 7 日調上）（東京：水路部，1936）。

化。1980 年代，燈籠洲燈塔實行自動化，不再派人看守。如今，燈塔管理員曾經居住的房屋頂上放置有數塊太陽能板，可供燈塔自動照明。黃昏 6 時左右，步行至馬灣的大排咀，就可以看見幽翠的燈籠洲島嶼上閃爍出燈塔的光芒。

四、燈塔下的漁村變遷

　　香港早期的燈塔都有專人看守，燈籠洲也不例外。由於燈塔挺立於四面環水的燈籠洲小島上，燈塔管理員食水都靠屋頂所收集的雨水，引入地下的儲水箱備用。1963 年，香港的氣候乾燥，燈籠洲的儲水無法滿足島上人員的日常使用。[4] 那段時日，燈塔管理員每天要划船去北面的馬灣取用食水。馬灣也隨時間發展歷經多番變換。

　　馬灣曾是一個有着千年歷史的漁村小島，島嶼西側突出的尖角地帶是馬灣舊碼頭的所在地。走進這裏，可以瞥見馬灣舊村的原始風貌，到馬灣舊碼頭便見一塊「汲水無波」的牌匾，寓意汲水門水波平穩。牌匾往右，便是沿海灣蜿蜒鋪就的馬灣大街，即舊時的馬灣核心。街道兩旁錯落着一排排的兩三層小樓，綠意爬上青黃、灰白的牆面。從屋舍往東穿行一百餘米，有一座漁民信仰供奉媽祖的古老天后廟。廟宇正門朝向燈籠洲燈塔西北側的汲水門，門楣上掛着書有「天后古廟」的牌匾，兩側貼有對聯，上聯「馬躍騰雲朝天后」，下聯「灣水緩流奉聖母」。廟宇所建，以祈汲水門海域舟船安穩。馬灣現名，據說也源於媽祖發音的諧音「馬」。

　　踏進這座二進的天后廟，可見兩旁石柱或門扉處，寫有多幅歌頌天后恩澤的對聯。廟宇最裏面即是身披紅綢的天后像。三尊香爐置於天后像前，屋頂下懸燃螺旋香，香火味濃厚。甫一抬頭，就能看見一

4　　Director of marine, Annual Departmental Reports 1963 - 64, p. 31.

上 ：燈籠洲燈塔現在的燈室
下 ：燈籠洲燈塔建築群俯視圖

上　：馬灣舊碼頭的天后古廟

下　：天后廟裏掛放的「共被洪恩」牌匾

花維路繪畫的劍魚（圖片來源：花維路家人）

上：花維路繪畫的水上人搖櫓（圖片來源：花維路家人）

下：早期航海運輸工具搖櫓船

塊題有「共被洪恩」的牌匾。種種跡象可見，天后在馬灣漁民心中的重要性。走出天后廟，面前的灣水海灘可見漁民居住的高腳水上棚屋。

沿着馬灣大街往回走，可以在舊碼頭左側的一處礁石上，看見一座中華白海豚的銀色雕像。旁邊屋舍的淡黃色牆面上，也繪有海豚遨遊的圖畫。這是因為馬灣和大嶼山北面一帶海域，常有白海豚出沒。馬灣舊村靠近沙灘的這片淺水海域，是白海豚喜歡棲息遊樂的區域，人類與海洋生物就在這裏相遇。燈塔管理員花維路曾在附近到訪，繪有漁民撐舟划船的自然圖景和海裏多樣的生態魚類，其中還有一幅劍魚騰躍海面的鮮活畫面。從這些水彩畫中，似乎可以看見花維路作為一名燈塔管理員的孤獨、寧靜與堅守，以及他眼中人與自然和諧相處的漁村風情。

馬灣的村民主要以耕種和捕魚為生。出海歸來的馬灣漁民，看見高高矗立的燈籠洲燈塔，便知已近馬灣。對於他們來說，燈籠洲燈塔也許是一個幾近於「家」的符號。這座高大的燈塔建築長久屹立在燈籠洲島上，守望他們捕魚歸來。出海捕魚風險高，手搖的簡陋舢舨經不起風浪吹襲。後來，馬灣漁民逐漸不再出海，轉而在馬灣舊碼頭北面的石仔灣和淡水灣用漁排養殖海魚。天后古廟前面的一片大空地，就是以前漁民晾曬蝦膏和鹹魚的地方。馬灣的蝦膏由附近海域特有的銀蝦製作，是老一輩馬灣人難以忘懷的記憶。

舊時的馬灣村民，要乘坐船隻才能出島。1990 年代，青馬大橋和汲水門大橋動工修建，連接馬灣於青衣島和大嶼山。灰舊的漁村屋舍對岸，架起了高速的現代大橋，靜謐的漁村小島連通了都市繁華。橋樑竣工後，珀麗灣屋苑項目隨即啟動，馬灣公園修建，老舊的漁民村屋逐步拆除。漁民住進了聯排的丁屋，不再捕魚。現今的馬灣，只有極個別還從事漁排養殖的漁民。島嶼西側的漁民舊村屋，也即將隨着馬灣公園二期的建設，保育翻新成藝術村。燈籠洲燈塔旁的這座島嶼，最終發展成現代都市的模樣。

　　2022 年初，馬灣鄉事委員會在馬灣新村的通知欄裏張貼「籌建天后廟」通告，呼籲村民支持興建新天后廟。漁村的外貌雖然有所改變，但馬灣漁民敬奉海神、供奉媽祖的漁民心意一直未變。燈籠洲燈塔閃爍的燈光，也見證着馬灣的變遷。

請掃描二維碼，欣賞《燈塔記憶：燈籠洲燈塔》紀錄片。[5]

5　　香港城市大學：紀錄片《燈塔記憶：燈籠洲燈塔》，2022 年，https://bit.ly/3rP9K3k（瀏覽日期：2023 年 5 月 5 日）。

水上人和
「漁民之父」

　　1960 年代，香港一次中學會考中曾以「Floating Family」為題讓考生作文一篇，但由於大家對這個詞條並不了解，於是異想天開地給出各自的理解，考試結果無庸置疑，大部分考生都「肥佬」[1] 了。其實，「Floating Family」指的是漂浮在海上的漁民家庭，也就是「水上人」。本章將進一步介紹前文曾提及的這位名叫花維路的燈塔管理員。他每日準時上塔點燈，令燈塔之光灑向海面，那是海上旅人最堅定的信仰，同時也照耀着一群即將被遺忘的群體——水上人。

一、默默守塔，照亮遠方

　　花維路，本名 Charles Thirlwell，雖從名字已知是一位外籍人士，但他其實在 1918 年於香港出生，並於 1985 年在瑪麗醫院去世。他的父親是一位來自英國紐卡斯爾（Newcastle）的水手，後來在香港的太古拖輪做船長，所以花維路在十四歲時，就被父親送去太古船塢做輪機學徒。他不僅會講英語，還說得一口流利的粵語，這也為他後來的事跡埋下伏筆。1937 年，在當了四年又八個月學徒後，他看到橫瀾島招聘燈塔管理員，於是就應聘上崗了。這份在陸地上進行的輪機師工作，看起來十分適合容易暈船的花維路。

　　花維路從此開始了守塔的生活，當時島上的燈塔管理員每輪班四周，就能獲得兩周長假，中途不得離島。燈塔管理員每天上塔開熄燈器，這份工作聽上去簡單，其實在當時是一份很講求技術的工作。1977 年 9 月 5 日的《華僑日報》第三頁中有一則題為〈橫瀾島燈塔管理員照顧來往船隻安全〉的報道，從中得知燈塔管理員需要具備航海知識，更要對機械、電器、木工修理和維護有基本了解。[2] 由於當時的燈器採用菲涅耳透鏡，是由一片片長條弧形玻璃組裝而成，如遇狂風

1　此處「肥佬」在粵語中表示不及格的意思。
2　〈橫瀾島燈塔管理員照顧來往船隻安全〉，《華僑日報》，1977 年 9 月 5 日，3 頁。

花維路在跟水上人一起織漁網（圖片來源：《南華早報》）

花維路（中）鼓勵年輕水上人在橫瀾島燈塔站工作（約　橫瀾島燈塔的菲涅耳透鏡
1950 年代）（圖片來源：花維路家人）　　　　　　　　（圖片來源：LHRC 拍攝）

驟雨，飛沙走石，容易對燈器造成損壞。這時候燈塔管理員就需要緊
急維修，替換損壞的部件，保證燈塔正常發光。

　　除此之外，在橫瀾島燈塔塔身上方設有圍欄瞭望台，他們需要
二十四小時值班，登高觀察海面情況。風平浪靜之時，管理員主要的
工作是在有輪船進入本港海域時，通過交換訊號與船隻取得聯繫。在
科技尚未發達的年代，「一般日間通過旗號（見本書第 2 章）聯絡，
夜間則通過燈號通訊，登記船隻信息（如船隻大小、載重量、裝載貨
物、出發地點等），再將相關資料轉送給海事處總部的港口通訊中心，
以便該船隻的本港代理查訊後進行安排碼頭、派遣領港員登輪等事
宜。」[3] 無線電普及後，燈塔與船隻間便可用無線電交流，大大提高溝
通效率。

　　海上氣候變幻莫測，經常會霧障四起，連燈塔的光都難以穿透重
重迷霧，這時燈塔管理員就需要使用更加顯眼的標識來向大海「廣播」

3　　同上。

自己的方位，那就是放信號彈。船員在察覺到信號彈發出的光亮和聲響後，便可通過其傳播到船上的時間，計算出燈塔距離及方位，從而避免觸礁或迷失方向，這種無聲的交流，也正好體現出航海中的大學問。

　　橫瀾島四周就是浩渺大海，不僅可以用於觀測，還是收集氣象資料的絕佳位置。大部分燈塔的塔頂都設有風向標，燈塔管理員需要親自觀測風向，每天需要記錄六次；偶爾還會到岸邊測量海水溫度，以預測未來氣象變化。颱風來臨前，還會在燈塔旁的旗杆上懸掛風球標誌，提醒來往船隻及時避險。花維路就在採訪中提過，曾有船隻在橫瀾島附近擱淺，向燈塔管理員求救。燈塔管理員不僅身兼數職，還要擔起救人的重任。正如另一位橫瀾島燈塔管理員李智島所説：「如果橫瀾島發生任何意外，只有賴直升機救助，但我們這看似孤立無援的一眾，卻肩負了照顧來往船隻的重要任務。」[4]

　　花維路在燈塔上一守就是二十七載，從一個燈塔管理員成為後來的橫瀾島燈塔管理主任，並於 1965 年轉任青洲火藥庫主管，兼管青洲燈塔，居住在青洲燈塔管理員宿舍。也許大家會疑惑為什麼他會選擇守燈塔這份工作，他的家人在訪談中曾説過三個可能的原因。其一，花維路的父親是一位船長，他的兄弟姐妹也會游泳，海水彷彿早已流淌在他的血液裏，他對海的熱愛也是與生俱來的。其二，信仰天主教使他擁有一顆感受上帝、敬畏上帝的心，這種無形的力量給予了他在海中孤島上生活工作的勇氣。其三，身在孤島，心卻不孤獨。除了島上一起工作的同事，還能常常看到來自柴灣和蒲台島的水上人。這群水上人在後來的日子中常常陪伴他，賦予其生活的樂趣和意義，也成為他第二事業起步的地方。

二、閒暇時光，濤聲依舊

燈塔上的工作縱然乏味孤單，但是只要是心之所向，平凡的日子也能開出花來。來到今日的橫瀾島或者青洲島上，還殘存着曾經的煙火氣息。展開與橫瀾島燈塔設計相同的旅順口老鐵山燈塔地形圖，就能一窺橫瀾島的燈塔管理員宿舍風貌。島上生活區域佈局錯落有致，分佈在燈塔四周，還劃分了種菜養雞的專用土地。而青洲島上的生活用地就相對較小了，僅有一座燈塔以及兩棟燈塔管理員宿舍。在燈塔管理主任宿舍旁有一個小籃球場，儘管已荒廢許久，但站在這裏彷彿還能聽見燈塔管理員、孩子們的歡聲笑語。左邊則是一個儲水池，頂上已經蓋上一片藍色塑料膜，上面積了一層泥土。再往裏面走，是一片半人高的灌木叢跟一棟紅磚房。磚瓦上攀着一根根爬山虎，描出了故事的年輪。

五十多年前，由於交通運輸尚不便捷，小島一個月只能靠往來船隻補給一到兩次生活物資。稀缺的資源難以支撐燈塔下的工作人員兩個星期的消耗，於是他們在此建立起「計劃經濟」社群，過上自給自足的生活。花維路還會從外國購買關於烹飪、種植的書回來，在閒暇時看書學習如何自力更生。他們在島上還會烘焙麵包，水上人常常將捕撈的新鮮魚蝦與他們以物易物。以下這首張伍翠瑤女士作的詩便刻畫出花維路在橫瀾島上的生活以及他和水上人之間的情緣：

〈花維路橫瀾島燈塔守生活小記〉
作者：張伍翠瑤

親訪如人願
偷空一小休
隔岸小村這花家
長幼笑嘻哈

海闊天空遠
崖頂燈塔耀
每見歸船問當家
蛋蔬換魚蝦

　　除了農作，他還有一項讓人意想不到的技能，那就是「織冷衫」。花家的大兒子、孫女，以及水上人家中的小孩等，他們從頭到腳的毛衣都是由花維路一針一線織出來。這種編織的本領還被他運用到漁業上面，花維路曾經與水上人一起編織漁網，這種能力讓他能很迅速地跟水上社群融合在一起。簡單的漁網、毛衣，就將島上的燈塔管理員和船裏的水上人緊緊綁在一起。工作之餘，花維路會跟隨他的水上朋友乘船出海遊玩，可以看到他在船頭赤裸上身，手臂張開，瀟灑至極。[5]

　　用「能文能武」來形容這位特別的燈塔管理主任一點也不為過，平時花維路還十分注重內外兼修。放下鋤頭，鬆開織棒，他又拾起畫筆記錄下自己身邊的美好。在他的畫裏，可以看到海洋生物、夕陽泛舟、海上搖櫓等景象，無一不體現他內心的寧靜、對海洋的熱愛以及對漁民辛勤勞作的讚賞。或許這也是受他父親影響，他在採訪中曾說：「我的父親一直堅信水上人是能力出色的討海人，十分尊敬他們。我和漁民朋友認識後，也體會到他們生活的艱辛，敬重他們的生活本領。」而後創立的柴灣漁民娛樂會會徽也是由花維路所畫，是由兩條對稱的劍魚構成一幅圖畫，在他的眾多水彩畫作中，也體現了劍魚這一元素。古有琴棋書畫，樣樣精通，今有守塔主任作曲填詞，才華橫溢。他還為娛樂會作了一首《龍船歌》，描繪扒龍舟時的現場盛況及

5　〈橫瀾島燈塔的印象（黎添）〉，《橫瀾島燈塔管理員花維路與水上人的故事》，2021 年，https://bit.ly/3RThig9（瀏覽日期：2022 年 5 月 9 日）。

左上：花維路乘船出遊（圖片來源：花維路家人）

右上：花維路水彩畫作（圖片來源：花維路家人）

下　　：柴灣漁民娛樂會會徽

參賽選手的心情，並且用水上話填詞，足以證明他對水上文化的了解
與熱愛。

《龍船歌》
填詞：花維路
原曲：《蘇武牧羊》

今年又有扒龍船，扒嘅的龍船，真係扒得好鬼遠；
喺開邊扒埋嚟，扒到氣喘喘，龍船扒得快，真係好世界；
如果扒甩尾，真係好抵死，飯未食過比個龍正鬧到七果皮，
嘻！嘻！嘻！
如果流下橈，真係比個龍正趙，揸歪抄，比佬鬧，亦都比人趙；
好天曬到黑，落雨亂咁浴，冷到犵肺，震得真係好睇；
手都起腱，大脾起腱，因為要搏命扒，嘻！嘻！嘻！

今天踏上這些島嶼，早已無人居住，但聽到的陣陣濤聲，還是與
過往的沒有兩樣。通過對這位西人燈塔管理主任的粗略描述，希望他
的形象能永駐人們心中。

三、水上艇戶的浮沉人生

香港是東西方文化匯聚之地，是由摩登的西式大廈圍成的現代都
市。從隱於大街小巷的天后廟建築，到那些與漁村有關的地名、地鐵
站名，無一不訴說着它與海的聯繫。三面環海，坐擁優良港灣，享有
淡水供應，[6] 這個天然漁場造就了香港發達的漁獲產業。

6　薛鳳旋：《香港發展地圖集》（香港：三聯書店，2001）。

1922 年廣東道避風塘的水上人舊照片（圖片來源，Wikimedia Commons, Photograph Created by HenryLi, https://commons.wikimedia.org/wiki/File:Yau_Ma_Tei_1880.jpg, public domain）

　　1954 年刊出的《華僑日報》中記載：「十一萬五千浮家泛宅之居民，包括來往海洋之輪渡，一般小型之舢舨。」[7] 可知 1954 年香港水上人人口已超過十一萬人，主要集中在筲箕灣、香港仔和長洲。從舊照片中看到，1922 年廣東道避風塘停泊着大小不一的船隻，有的在進行水上貿易，有的在搭載船客，十足一個水上街市。

　　驅車來到今日的柴灣，會找到名叫「漁灣邨」的公共屋邨。細心一點，就會發現這裏的每一棟樓都以「漁」字開頭命名，譬如：漁安樓、漁順樓、漁豐樓等。而第二字則寓意吉祥，象徵着漁民祈求出海平安豐收的心願。不要看這裏現時是一片陸地，其實過去曾是汪洋大海，填海後才興建屋邨安置漁民，佔地逾 5.4 公頃。但大家有沒有想過，這些漁民在填海之前，是住在什麼地方？

―――――――――

7　〈本港水上人估計逾 11 萬〉，《華僑日報》，1954 年 12 月 12 日。

　　水上人是最早居住在香港水域上的一群人，1842 年在英國入侵廣東的時候，很多廣東人從珠江等地來到香港水域，至六七十年代油麻地已有數十萬水上人。19 世紀時，港英政府來到香港，便規定當時陸地上的原居民都有丁權，而水上人就自然而然地被排除在外。他們沒有戶籍，不能上岸，只能靠水食水，住在謀生的工具——船上。逐水漂流，逐艇而居，漸漸地演變出「艇戶」這一名詞，艇戶主要是指停靠在岸邊不需要出海捕魚，供老人婦孺居住的船，漁民則需乘船在海上流動。這種生活方式其實跟他們的職業本質相關，海上氣象變幻莫測，舊時的漁船多靠人力風力，所以要出海捕魚的話，要考慮許多因素。為了得到更多的漁獲，他們只能選擇以舟為家，説走就走。

　　在走訪水上人社群的時候，我們有幸尋得一位水上人——黎永洪，他是柴灣附近的漁民後代。據他憶述，水上人在船上出生，但沒有出生證明，也沒有戶籍，除非能找到接生婆開出生紙，也稱為「執媽紙」。吃飯睡覺、成家育兒均在船上，如果要喝水的話，就要定時去石澳附近盛山泉水儲存在船上。後來的填海時期，這些沒有戶籍證明的水上人都被趕走，土地房屋這種意味着穩定的財產都只屬於有身分證明的陸上居民，水上人則無法獲得平等的待遇。沒有戶籍將對他們日後的發展帶來一系列障礙，譬如沒有電話、沒有地址，更無法接受教育。

　　從黎先生提供的老照片可以看出，曾經的水上人生活條件艱苦，在甲板上跟海水打交道的日常也決定了他們必須赤腳勞作，因為柚木做的甲板容易刮壞鞋子，不穿鞋是最好的選擇。他們每天的生活就是大人出海捕魚、製作蝦醬、售賣漁獲，小孩子在船上嬉戲打鬧，日子還算不錯。風平浪靜也就罷了，但航海終究是一件有風險的事。一生在船上度過，他們在岸上沒有家，甚至連十號風球懸掛時都不會上岸，只會選擇停靠在避風塘把損失降到最小。他還記得有一次颱風來臨，幾百艘漁船擠在避風塘裏，風颳了兩天，大人小孩誰都不敢睡

覺，得時刻觀察海面情況。風大浪湧的時候，黎永洪説：「我們在船頭船尾都要拋很多錨，以固定船隻。」舢舨也難免進水，大家就會合力把船艙中的水舀出去，但偶爾水太多了，船還是逃不了沉底的命運。這個時候水上人也有辦法應對，那就是跳到隔壁的船上暫避風頭，等到颱風過後再把自家的船排水撈起。

　　到了1960年香港經濟轉型，大面積填海，漁民賴以生存的環境遭到威脅。香港政府為了給漁民們一個家，開展廉租屋計劃，也就是各個港灣附近的漁灣村。這個計劃旨在讓水上人上岸，同時也吸引青年漁民投入建設香港大潮。大家可能會認為這是一個千載難逢的好機會，但當時卻有很多漁民拒絕上岸，因為上岸後他們缺乏求生本領，對未來何去何從十分茫然。上岸的水上人大多只能從事非技術性的體力勞動，難以改善生活質量。所以，在面臨香港經濟轉型，要求他們上岸時，這一群人不知所措，落在隊伍後面。但在1960年代經歷了兩次巨型颱風「溫黛」與「瑪麗」後，黎先生等水上人意識到只有上岸才能帶給他們相對穩定安全的生活，於是決定在1974年上岸，住進了10呎×8呎×8呎的二級安置區裏。房間狹窄，只能容納一張「碌架床」跟一張桌子，故他們夏天時都會在房子外面吃飯，冬天才會在家裏吃。很快，他們在1978年換到了更大的徙置區，即漁灣邨，房子面積有三百餘呎，至此黎家正式從海上過渡到岸上。

　　經過數十年的發展變遷，這座城市已從一個海邊拾貝的漁村少女搖身一變，成為了光彩照人的都市女郎。來到維多利亞港，仍能看見那些載着人和物的大船小艇穿梭於繁忙的進出港口，卻已看到科技與速度的進步。來到長洲島，則能看見漁民搖櫓捕魚，晾曬魚蝦，這是傳統與民風的保留。這些船隻在海上泛起的一道道浪花，為香港的過去與未來穿針引線。

　　香港艇戶歷經多年浮沉，有些早已上岸，有些仍留在海上為香港民眾提供新鮮海產。平時他們不會獲得太多社會關注，但每年的端午

節卻是水上人大放異彩的日子。這一天，柴灣漁民娛樂會會舉辦一年一度的龍舟賽事。信奉天后的他們依舊遵循以往出海前去問天后的習俗，在龍舟賽事舉辦前，也會拖上龍船來到西貢大廟、東龍島和石澳等的天后廟祈福，看當年能否順利舉辦。全港國際龍舟錦標賽就是源於此節，在此盛事中勝出的龍舟隊伍能獲得「漁民之父紀念盃」。當問起漁民會的幹事「漁民之父」是誰時，大家都面面相覷，表示並不了解。在探訪了花維路家人、同事和舊識後，下面將為大家講述這位「漁民之父」的偉大事蹟。

四、「陸上燈塔」——花維路

前文提到的黎先生，在五六歲跟隨爺爺到橫瀾島附近捕魚時偶遇花維路，親昵地稱呼他為查理叔叔。據黎先生描述，花維路會主動游到水上人的漁船附近跟他們打招呼，講着不鹹不淡的水上話，甚是親切。當時外籍幫辦在整個社會地位算是高的，水上人卻處於社會底層，階級分明。加上花維路的「鬼佬」長相，或許會讓許多水上人產生距離感。隨着時間流逝，他們也相知相惜，人與人之間的隔閡在一次次純粹的交流中漸漸消融。他們發現這個鬼佬燈塔管理員確實不一般。花維路雖然身為一個天主教徒，每星期到教堂望彌撒，卻十分尊重水上漁民拜祭天后的文化，甚至每年在龍舟競渡前跟隨柴灣漁民娛樂會的朋友，了解他們到西貢清水灣大廟、石澳的天后廟和東龍洲的洪聖古廟參拜祈福的習俗，為龍舟畫龍點睛，插香艾菖蒲。他還會熱心地為他們提供許多生活及職業上的幫助。當時花維路從橫瀾島調到青洲火藥庫，政府部門最初稱之為礦務處，他在那裏任職經理，且介紹了許多水上人到青洲火藥庫當政府差。

小至補習英文，大至操辦婚事，花維路這位燈塔管理主任都在親力親為。水上人群體接受教育的機會極其有限，子女讀書困難。在採訪水上人後代黎添時，他提到花維路先生在幫助附近認識的小孩子補

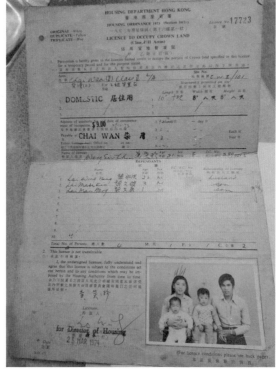

左上：水上人在甲板上吃飯
（圖片來源：水上人黎永洪）

左下：二級安置區居住證
（圖片來源：水上人黎永洪）

右上：舊時水上人影像
（圖片來源：水上人黎永洪）

右下：水上人遷至岸上成為陸上人的印記：中式帆船的柚木甲板變身為鯉魚門海鮮檔的門板

習英文、數學之餘，還會出資供他們大家庭的長子上學。他們在岸上沒有居所，也是多虧花維路的朋友提供住宿，才得以上中學。黎先生的哥哥因此得以上學，有了知識就能走出漁村，走得更遠。另一個值得提及的故事就是當初黎永洪準備結婚，但因為水上人「與世隔絕」甚久，並不知道需要登記註冊。這時候，花維路也伸出援手，教他如何登記，為他準備西裝皮鞋，還貼心地買上一束花。這些珍貴老照片都存於花維路的相機中。

在水上人面臨上岸潮時，花維路已經成為了一名燈塔管理主任，也曾在政府裏工作過，當時他挺身而出，為水上人向政府上書爭取權益，獲得補助。尋求上級幫助的同時，他的步伐也未曾停過。他知道，讓水上人提前適應岸上生活總不是壞事，於是開始籌劃成立「柴灣漁民娛樂會」。據花家大兒子花雅各回憶，水上人平日除了捕魚，鮮有娛樂活動，花維路就與水上士多店合作興辦娛樂會，為水上人打造一個可以打麻將、唱戲的社交場所。上岸後，這裏就成為了「柴灣漁民娛樂會」，隨後還衍生出「赤柱漁民娛樂會」、「南丫島漁民娛樂會」、「新界北約深灣漁民娛樂會」、「大潭篤水陸居民聯誼會」、「香港仔鴨脷洲漁民娛樂會」、「筲箕灣漁民公會」等多個分會。花維路及會員通過舉辦一次次的活動如龍舟競渡等，帶領漁民團結起來，學習社團組織的經營，亦提升了大家的凝聚力。花維路還把香港水上人的龍舟競渡文化帶到世界的舞台上。在 1976 年 6 月 2 日，筲箕灣愛秩序灣舉辦了中日龍舟賽，香港漁民團體邀請了來自本地漁村的漁民龍舟隊、日本長崎的神之島（Kaminoshima）漁民龍舟隊、駐港英軍、大東電報局及其家屬組成的外籍人士龍舟隊，共 10 隊參加。[8] 查日本長崎龍舟競渡起源於 1655 年，當時長崎受到暴風雨吹襲，船隻沉沒，死

8　〈端午龍舟競渡熱鬧〉，《大公報》，1976 年 6 月 3 日。

左上：眾人扒龍舟木雕（圖片來源：柴灣漁民娛樂會）

左下：二百餘艘船艇齊聚佛堂門天后古廟祈福（資料來源：《華僑日報》，1957 年 4 月 23 日）

右　：花維路漁民之父紀念盃

上　：花維路與水上人合影留念（圖片來源：水上人黎添）

下　：水上人結婚照（圖片來源：水上人黎添）

上　：各區漁民娛樂會晚宴照片（圖片來源：花維路家人）

下　：赤柱漁民娛樂會，攝於 2022 年 4 月 17 日

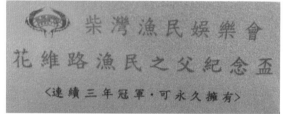

上 ：花維路（左二）與漁民朋友們（圖片來源：花維路家人）
下 ：花維路漁民之父紀念盃

難者甚多。當地的中國華僑傳說龍舟競渡能平息風神之怒，故後來每年都有龍舟競渡。[9] 花維路舉辦的國際龍舟競渡，提升漁民的自信心，熱愛生養自己的傳統文化，煥發漁民村落團結拼搏的精神，也讓國際人士認識傍水而居的漁民風俗、信仰、娛樂、儀式的多重意義活動。1971 年，港英政府授予花維路 M. B. E. 勳章，以表彰他對漁民社區所作出的貢獻。

斯人已逝，花維路停下了，但柴灣漁民娛樂會仍在繼續。他們視如珍寶的「漁民之父紀念盃」還在曾經的水上人後代之間手手相傳，龍舟賽的影響力也從柴灣輻射到香港的各個地區。據悉，只有每年

9   〈長崎龍舟國際賽〉，《華僑日報》，1978 年 8 月 10 日。

龍舟賽中「大龍邀請賽」的冠軍方可得到「漁民之父紀念盃」，而第二年就要交給下一任冠軍得主，只有連續三屆龍舟賽均拿第一的隊伍才能永久獲得此殊榮。自 1995 年「漁民之父紀念盃」設立以來，只有「青衣圓玄添福龍」和「青山合意龍」兩支龍舟隊做到了這個看似不可能的任務。柴灣漁民娛樂會的「柴灣生力龍」也曾獲得三次「大龍邀請賽」冠軍，但因為不是連續三年獲得冠軍，遺憾沒有永久獲得「漁民之父紀念盃」。燈塔團隊有幸尋得屯門「青山合意龍」的話事人周根帶先生，他認為龍舟賽能夠幫助大家團結起來，促進家庭和諧，堅持每年花費鉅資參加龍舟競賽。他帶領「青山合意龍」獲得過四次東區龍舟競渡大賽冠軍，並於 2016、2017、2018 年連續三年奪下桂冠，永久擁有「漁民之父紀念盃」。2017 年，香港特首林鄭月娥也出席了頒獎典禮。時至今日，花維路的兩個外孫在工作之餘，也會參加划龍舟訓練。花維路的精神在他的後代以及水上人中一直傳承。

水上人的生活終於與陸上人接軌，他們也能在上岸後有地方可去，貢獻社會。花維路憑藉一己之力，既弘揚了漁民傳統，也教會了他們怎麼靠自己在岸上贏得大家的尊敬。花維路作為天主教徒，他秉承教義愛人如己，推動他成為扶助漁民脫貧的先行者，也成為了中西文化共融的推動者。與其說是花維路引導漁民脫離苦境，倒不如說這是他們互相成就的結果。要不是漁民們的純樸善良，獨立擔當，花維路也不會如此為他們奔波勞碌，他們確實曾經度過許多愉快難忘的日子。上岸時曾獲幫助的水上朋友已經退休，正在享受天倫之樂，日子越過越好，組織的規模也越來越大，漁民會注入了新鮮血液，使漁民精神得以發揚光大。很多事、很多人已經隨風而逝，但這些頭髮花白的長者，每每提及花維路，總會眼眶濕潤。於他們而言，花維路就像是陸上的一座燈塔，無論過去多少年，這座燈塔依舊發出耀眼光芒，引導他們繼續前行。

專題四　受盡歧視欺凌逾千年，蛋民如何脱名遷岸居

黃天

　　往昔，居住在岸邊的水上人家，千多年來被貶稱為「蛋民」，又或書成「蜑民」。清屈大均《廣東新語》的〈蛋家艇〉記載：「諸蛋以艇為家，是曰蛋家。」[1] 又清張渠撰《粵東聞見錄》的〈蛋人〉條，附註：「蛋本作蜑」，並謂：「蛋人，以舟為室，以罟作田，由來已久。」[2] 而〈太平環宇記〉則説，「（他們）生在江海，居於舟船，隨潮往來，捕魚為業。」[3]

　　關於蛋民的起源，以及何以有蛋民之稱，歷來有不少學者進行過考證，結果論説紛紜，竟得出三十多種傳説或學説，其中包括兩大學者羅香林和陳序經。羅教授分別發表了〈蜑家〉（刊於 1929 年出版的《民俗週刊》第七十六期）和〈唐代蜑族考〉（1934 年中山大學出版的《文史學研究所月刊》第三卷一期）；陳序經教授則撰有〈蛋民的起源〉，載於《廣東文徵續編》，[4] 但論説似乎還沒有完結。

　　總的來説，「蛋民」的先民應是被逼遁逃，遠走至海角涯邊為生。清范瑞昂撰《粵中見聞》有載：「秦時屠睢將五軍臨粵、肆行殘暴，粵人不服，多逃入叢薄，與魚鱉同處。蛋，即叢薄中之逸民也。世世以舟為居，無土著，不事耕織，惟捕魚及裝載為業。齊民目為蛋家。」[5] 但上文仍然未能解釋何以有「蛋民」之稱。

　　「蛋民」之稱尚未清楚，但他們諳熟水性是一致公認的。「蛋民」傍水為生，逐水漂流，除捕魚外，更成為採珠能手。

1　（清）屈大均：《廣東新語》（北京：中華書局，1985），485 頁。

2　（清）張渠：《粵東聞見錄》（廣州：廣東高等教育，1990），59 頁。

3　葉春生主編：《嶺南民俗事典》（廣州：廣州南方日報，2001），288 頁。

4　許衍董總編纂：《廣東文徵續編》，第四冊（香港：廣東文徵編印委員會，1988），152 頁。

5　（清）范瑞昂：〈蛋人〉，《粵中見聞》（香港：廣東高等教育，1988），232 頁。而齊民，即平民。

新界大埔頭的大埔海，曾產蚌珠。陳伯陶太史纂《東莞縣誌》卷八〈山川略〉謂：「媚珠池，在南大步海，舊傳南漢時於此採珠，其下多珠，故名。」[6] 羅香林教授更進一步解釋：「大浦海一帶，自中唐至明初，均屬東莞縣範圍。即所謂居於東莞縣之媚川都，實即是今日之大浦海也。」[7]

清阮元修《廣東通志》，引宋蔡絛《鐵圍山叢談》：「凡採珠必蛋人。」又宋周去非著《嶺外代答》卷七〈珠池條〉亦謂：「蛋人沒而得蚌，剖而得珠。」[8]

後因珍珠有價，致沿海過於偏重採珠，造成社會不安，而且溺死者甚眾，便開始罷採。明憲宗時，更對私自採珠者，發配充軍。故後來，蛋民轉而兼營渡客、運輸、販鹽等。

「蛋民」世代襲居水上，以舟楫為家，以捕魚撈蜆為生。千百年來，他們備受欺凌歧視，既不許隨便登岸，也不讓受教育，參加科舉，更不能和岸上人家通婚，如同賤民。其慘況被形容為「海濱貧民，此為最苦」。就連封建君主雍正帝，也下旨憐憫一番：「憫廣東蛋戶，不敢與齊民抗，應聽其居陸力田，以昭一視同仁之意。」[9]

但口説憐憫，卻沒有貫徹施行仁政，「蛋民」仍然過着浮家泛宅的生活。據梁啟超推算，清末仍有艇戶蛋民四十萬。[10] 這種「世世水為業，年年艇作家；浮沉波浪裏，度日海天涯」的生活，要到哪年、哪月才可掙脫，不受歧視，踏踏實實地在陸上居住下來？

可幸新中國成立不久，1950 年 11 月 9 日，廣州市第三屆人民代表會

6　　羅香林等：《一八四二年以前之香港及其對外交通——香港前代史》（香港：中國學社，1959），57 頁。

7　　同上。

8　　同上，59 頁。

9　　（清）張渠：《粵東聞見錄》，59 至 60 頁。

10　　葉春生主編：《嶺南民俗事典》，288 頁。

議通過《取消「蛋家」名稱，改為水上人民》的決議，[11] 為「蛋民」解開千年枷鎖，恩澤萬家艇戶，如卿雲之覆。但僅去蔑稱，似仍有不足。1954年，周恩來總理出國訪問歸來，途經廣州，專門乘船視察黃沙、白鵝潭等沿江一帶，了解水上居民的生活情況，即作出指示，要為水上居民興建住宅，建設水上居民新村。[12] 廣州市人民政府馬上展開覓地建屋工作，1960年夏，已有五千多戶、二萬多人遷入新居。1965年，濱江新村落成，總面積六萬五千平方米，建房四十五幢（三至六層高），安置了一千九百多戶，成為其中一個最大的水上居民新村。[13] 到了 2000 年，已有百分之九十以上的水上居民住進新村，百分之六十的船隻改裝為機動船。除捕魚外，他們還從事運輸等的副業，生活習慣已和陸上居民一樣。[14]

廣東省人民政府在開國不久，即為「蛋民」洗脫千年屈辱，更迅速建成新村，安置到陸上居住，不再以艇作家，浮沉波浪裏，生活上脫貧解困，子弟們則不分男女，皆可入學讀書，迎來美麗人生。如此功業，甚少有流傳，謹略述如上。

至於香港，「蛋民」亦不少。港英佔領之初，1845 年全港總人口才二萬四千多人，又以華人為主。後來，陸續有從廣東移入的城市人，太平天國起義後，更加大量流入。據 1854 年的統計，唐人的分佈：住於裙帶路的城市人有二萬三千一百二十八人；受雇於洋人的，有三千一百二十四人。各村落的人口合計共五千二百五十九人。裙帶路水上為家者一萬五千九百二十二人，石排灣等處水面為家者，有五千二百六十七人，合共二萬一千一百八十九人。[15] 據此可明確得知水上為家者多於農耕人口，而且多近四倍。舟船分類統計：漁船六百二十艘、貨船五十六艘、

11　　袁廣勝：〈他們告別了「水上生涯」〉，載於《羊城今古》，1994 年 2 期，16 頁。

12　　同上。

13　　同上。

14　　葉春生編：《嶺南民俗事典》，288 頁。

15　　黃天：《〈遐邇貫珍〉香港史料類鈔》（香港：中華書局，2020），78 頁、85 至 86 頁。

渡船四十九艘、三板二千三百七十九艘，再加上蝦艇、運水艇等，共為三千六百三十二艘，另船廠十九間，[16] 由此可知香港開埠之初乃一小漁村是不爭的事實，而英人入佔之時，也以漁村作紀錄。須知當時的香港，是指《南京條約》下割讓的香港島而言，並不包括九龍和新界。

今天的香港，已是國際金融貿易中心，但回溯第二次世界大戰後，香港的「蛋民」估計不下十萬，他們分佈於大澳、筲箕灣、柴灣、香港仔、鴨脷州、圓洲仔、長洲，甚至塔門等岸邊。他們也有出海打漁，或作街渡、運貨，或在碼頭當搬運工，從事低下層的工作，生活極度艱苦貧困。《大公報》記者、《新晚報》編輯陳迹（人稱迹叔），打從 1950 年代起，便集中追訪拍攝漁民的生活。幾十年跑漁村，蹲棚戶，探艇家，和水上人結為朋友，打成一片。[17] 迹叔晚年跟筆者憶述當年事：「他們的生活實在悲苦，而且不安穩，缺乏安全感，又驚怕陌生人的歧視眼光。我跟他們熟絡了，每次到他們那裏，他們都親切地呼喊：『老陳，你又來啦！』有時，我也帶一些手信去，和他們一起吃茶問近況。他們也任由我拍攝，甚至近距離拍，他們只會交出羞澀的臉孔，但就不會拒絕！」

於是，迹叔便將各漁村的風情收入鏡底，更作定點追蹤，一年一年的拍，可以看到該地的變遷過程。幾十年下來，積存照片逾萬張。從迹叔的照片中，可以看到漁村艇戶的變化。原來各漁村的消失，絕大多數是因為火災所造成，一夜間上千艇家棚戶變為廢墟，「蛋民」頓時無家可歸，淪為災民。陳迹在〈傍水人家話滄桑（1962-1970 年）〉的一輯照片中說：

筲箕灣愛秩序村及淺水碼頭村，多年來聚居着近萬傍水棚戶，環境擠迫，臭水溝縱橫密佈，大部分都是水上人家。1970 年一場大火，棚戶盡

16　同上，84 至 85 頁。
17　陳迹：《香港滄桑錄——陳迹四十年集影》（香港：三聯書店，1985），128 至 132 頁。

燒，遼闊的災場，令人觸目驚心。[18]

另一輯照片〈消失了的圓洲仔（1956-1984 年）〉的描述：

　　隨着衛星城市的興建，加上火災及拆遷……整個近萬人居住的圓洲
仔漁區，從此消失了……目前公路縱橫，高廈相接。當然，沒有資格入
住的原有漁民，仍然得留住在擠迫的「安置區」，等待安置。[19]
　　梅窩棚戶，亦同一命運被拆遷，難逃「消失」的命運。[20]香港仔涌尾，
則在火劫後「消失」。[21]

　　隨着社會進步，經濟發展，對勞動力的需求大增，「蛋民」也可以上
岸找到工作，下一代亦被安排入學，與一般居民共同生活。「蛋民」、「蛋
家仔」的不雅稱謂，逐漸在人們口中消失了。有趣的是我們又有多少人知
道「香港」熟悉的名稱，其語源很可能是最初為英國人帶路的「蛋人」口
語，被拼音為 Hong Kong。因為「香港」的「香」以「蛋語」讀之，適為
「Hong」，然廣府語讀作「hêng¹」（作鄉音），普通話作「xiāng」音，[22]是
有非常明顯的分別。據此可知水上人與香港淵源之深，可遠至唐宋，但在
研究上，至今仍欠深入，有待補白。

18　同上，63 頁。
19　同上，83 頁。
20　同上，103 頁。
21　同上，118-119 頁。
22　羅香林等：《一八四二年以前之香港及其對外交通——香港前代史》，122 頁；許地山：〈香
　　港與九龍租借地史地探略〉，簡又文等編：《廣東文物》（上海：上海書店，1990 年），418
　　頁。羅香林就「香」字音，以廣府話標作 Heng；閩語音則作 Hsiang。而何文匯、朱國潘《粵
　　語正讀字彙》所標「香」字的粵音為 hceŋ，與鄉同音。

燈塔下的
學術對話

　　香港的每座燈塔，都代表着這座城市的一段歷史。在時代變遷之下，香港遇到過任職中國海關的英國人、英國殖民政府的英國人，還有二戰時期的日本人。不同時期建造的燈塔，也帶着那個時代的特殊建築風格，承擔着厚重的歷史。燈塔項目團隊依託圖書館資源查詢史料，拼湊完整的燈塔歷史；實地探訪港澳燈塔古蹟，拍攝紀錄影片，揭秘燈塔背後的人文故事；製作燈塔模型，讓視障人士也能觸摸燈塔，「看見」燈塔的光芒。為了讓更多人認識燈塔，燈塔項目團隊多年來在香港海事博物館和香港城市大學的展廳舉辦燈塔主題展覽，與歷史對話，傳播燈塔之光。

新青洲燈塔、鶴咀燈塔、舊青洲燈塔、橫瀾島燈塔及燈籠洲燈塔亮燈模型

一、回望香港的港口航道和沿途的燈塔古蹟

中英兩次鴉片戰爭之後，英國完全控制了維多利亞港，往來貿易的各國貨運商船逐年增加，自 1875 年開始在各個港口沿岸興建燈塔。直至如今，大多燈塔都已經歷過百年歲月，但燈塔背後的故事卻少有人知。燈塔項目團隊回顧歷史，從東向西、由南向北，串聯起這些建立在維多利亞港兩側航道上的燈塔古蹟，向公眾講述有關它們的故事。

船隻從東面水域駛入香港，最先望見的就是燈標編號為 102 號的橫瀾島燈塔。港英政府最初考察燈塔選址時，就認為橫瀾島是一個絕佳修建燈塔的地方。由於橫瀾島及其附近水域當時並不在港英政府的管轄之內，港英政府和清政府經過多年協商，最終確定由中國全資修建橫瀾島燈塔。這是香港境內唯一一座經由清政府出資建立的燈塔，服役以來一直擔當重任，是全港亮燈時間最長的燈塔。橫瀾島燈塔歷經二戰的炮火卻屹立不倒，頂上的燈光正如它的鑄鐵塔身一樣錚亮。

經橫瀾島駛向藍塘海峽入口，就可以看見位於鶴咀半島的 158 號燈塔。這是香港的第一座燈塔，以當時的第一任副總督德忌立（George Charles D'Aguilar）的名字命名為德忌立角燈塔。然而，鶴咀半島並不是當時最理想的燈塔選址地點，島上的燈塔並不能很好地導引船隻進入香港水域。在此修建燈塔，只是港英政府的權宜之計。橫瀾島燈塔建成不久，德忌立角燈塔就停止服役。但這座燈塔所處位置，卻有着重要的歷史文化和軍事戰略價值。一個有着近 300 年歷史的鶴咀村，就坐落在德忌立角燈塔附近，燈塔現在的常用名稱鶴咀燈塔就得名於此。往後大約 1937 到 1941 年間，港英政府還在燈塔附近設立鶴咀炮台和博加拉炮台，以加強香港的軍事防禦能力。

進入藍塘海峽航道後，船隻繼續向北行駛，則需借助 90 號黑角頭燈塔的導引。這座燈塔跟鶴咀燈塔和舊青洲燈塔一樣，是港英政府第一批立法通過修建的燈塔。黑角頭燈塔建成前兩年，博卡喇號船撞

上黑角頭水域附近的一塊礁石，造成重大人員傷亡。因此，黑角頭燈塔的燈光設計成紅白兩色光，從東南向西南方向照射的紅光標示着暗礁所在的危險區域。船隻在夜裏行經這片水域，便能避開紅光標示的區域，安全行駛。二戰時，黑角頭燈塔一帶也是當時的軍事戰略所在地。老舊的黑角頭燈塔和附近的歌連臣角炮台遺址，都銘刻着戰爭的痕跡。

船經黑角頭燈塔一路往西北方向行駛，路過 88 號鯉魚門（九龍）燈標和 89 號鯉魚門（港島）燈標，就到了維多利亞港。港口西面的進出口位置，是建有兩座戰前燈塔的青洲小島。舊時的船隻沒有先進導航設備，需要借助燈塔定位船舶位置。69 號青洲燈塔便是舟船從西面航道進入維多利亞港的重要地標。在二戰轟炸時，青洲也因其自身的戰略導航地位免於轟炸，島上的燈塔倖存下來，不斷引領照亮着海中航船。

從青洲出來，再向西北方向行駛，就可以在汲水門附近見到兩座古燈塔。這片水域流水湍急，航道狹窄危險，卻有很多貨船經此來往廣州和維多利亞港。馬灣西北角修建的 60 號汲水門燈塔和馬灣南面小島上的 62 號燈籠洲燈塔，可以輔助船隻在暗夜霧色中定位，小心駛過這片水域。曾經在汲水門稽查走私的九龍關和燈籠洲燈塔上偵察佈防的士兵守衛，也為這片區域留下歷史印記。

二、香港戰前幾座燈塔的建築掠影

二戰以前，香港就已經建有多座燈塔和燈杆。前述回顧的幾座燈塔古蹟，公眾往往知其名，不知其背後故事。然而，燈塔項目團隊在研究過程中，還發現了幾座同樣歷史悠久，卻幾乎無人知曉的戰前燈塔。

尖沙咀最南端的訊號山花園，原本是一座靠近海邊的小山丘，站在山頭可以一眼眺望對岸的維多利亞港。山上現存的訊號塔，是以前

用以向維多利亞港的船隻報時的百年歷史建築。少為人知的是，這座
訊號塔旁邊曾建有一座燈塔。1909 年，港英政府在尖沙咀的這處海
角修建了尖沙咀燈塔。燈塔高 15.5 米，下半部是磚塊建造的立方體塔
身，上半部是有圍欄圍繞的瞭望台和白色燈室。燈塔旁邊，連接着一
所供燈塔管理員居住的磚式房屋。房屋為硬山式屋頂，其上帶有一個
煙囪，設木式窗牖門扉，一眼可以看出這是一座中國傳統民屋建築。
房子前面，放置着三座可移動的炮台。自建成以來，尖沙咀燈塔便一
直運作至 1971 年才停止服役，僅在 1933 到 1948 年期間沒有亮燈。
可惜的是，這座燈塔已經消失不見，只能從老照片上一窺這座 8 號燈
塔的面貌，想像它夜裏每五秒閃爍一次的亮麗白光。

　　尖沙咀燈塔停用消失後，它的燈室卻保留了下來，安裝在後來修
建的 56 號分流燈塔上。分流燈塔位於大嶼山的最西南角，建立於臨海
的陡峭崖壁上。燈塔選址臨近 18 世紀的分流炮台遺址，這個地方位於
港澳航道上，也是香港通往廣東的航道之一。「分流」其名源於此處為
珠江和南中國海的水域分界，海水匯聚分流成黃色和青色。1936 年，
分流燈塔第一次亮燈啟用，每六秒閃一次白光。1971 年，原設於尖沙
咀燈塔上的燈室被移建到分流燈塔上，也就是現今分流燈塔的樣貌。
整座塔高 9 米，白色磚石塔身，頂上是設瞭望台的白色圓柱形燈室。
自此，分流燈塔的燈光頻率，也變為五秒一閃的白光。

　　早在 1921 年，東龍洲最南邊的半島南堂尾就有一座東龍洲燈杆。
據中國海關出版的英文版《通商各關警船鐙浮椿總冊》記載，東龍
洲燈杆燈高 16 米，塔高 7.6 米，頂上安裝的是閃爍白光的二等燈。[1]
燈杆配備無人看守的自動霧號，只在每年一月至五月份的霧季啟用，
每三十秒就會發出聲響。1965 年，港英政府開始着手東龍洲燈杆的搬

1　　List of lighthouses, light-vessels, buoys, beacons, etc. on the coast and rivers of China, 1947.
　　Shanghai: Statistical Department of the Inspectorate General of China.

上 ：裝有白色燈室的建築是尖沙咀燈塔，燈塔管理員居住的房屋前有三座大炮
　　（圖片來源：James McAndrew, https://gwulo.com/node/9628/photos）

下 ：圖中古堡形制建築是訊號塔，白色建築是尖沙咀燈塔建築群，旁邊立有一根旗杆
　　（圖片來源：James McAndrew, https://gwulo.com/node/9628/photos）

分流燈塔近景

遷工程，將位於南堂尾一處二戰日軍砲台改建成燈塔的機房，並於次年啟用至今仍存的 92 號南堂尾燈塔。改建後的燈塔，每 10 秒閃燈三次，燈光可照射 56 米遠，指引行船進出南堂海峽。東龍洲燈杆初建時的基座舊址，至今還留在原地。

　　這些幾無人知的燈塔和燈杆，曾經是海上的重要輔航設施，指引行船安全出入維多利亞港。直至如今，這些輔航設施之中，有的已經在地理變遷中化作歷史的塵埃消散，有的還靜默無聲地輔助船隻航

行。維多利亞港的灣仔燈杆，更是只存於日本的一份歷史文獻之中。通過燈塔項目團隊研究，也讓那些曾經指引這座城市一路發展繁榮的燈塔和燈杆重煥光芒。

三、積極參與全球社群的學術對話

燈塔項目於八年前啟動，依託香港城市大學圖書館成立，旨在通過圖書館對接香港和世界的博物館、檔案館等平台，查證引用中文、英文和日文等多種文字資料，鼓勵不同專業的學生考掘中、西歷史文獻，從不同視角了解香港港口與燈塔的歷史發展，重現香港多座燈塔的歷史面貌。多年以來，團隊一直積極參與全球社群的學術對話，通過燈塔研究了解一座城市的興衰變遷。

橫瀾島燈塔是 2000 年香港第一批納入法定古蹟的燈塔。早在 2001 年，一部輯錄香港山水的節目[2]就拍攝了橫瀾島的故事影片。沉寂的橫瀾島燈塔，在熒幕中逐漸變得鮮活起來。燈塔團隊在觀看影片時受到啟發，開始查證追溯橫瀾島燈塔的興建細則，終於找尋到這座燈塔的兩份原始繪製圖。由於圖紙現存於英國皇家土木工程師學會，許多人誤解這兩份圖紙在英國繪製。其實，兩份圖紙的右下角清楚標注了製圖者的名字和製圖時間。當時的製圖者是清朝聘任的海關總工程師英國人韓德善，他於 1887 年 5 月 13 日繪製出橫瀾島燈塔的建築圖則，1894 年 3 月 3 日繪製出橫瀾島燈塔建築群的地形圖。彼時，《展拓香港界址專條》尚未簽署，橫瀾島還在清政府的管轄之下。經查證，橫瀾島燈塔由清政府全資修建。因此，橫瀾島燈塔圖則的製圖單位是上海的中國海關。

燈塔項目團隊在觀看橫瀾島的山水故事影片時，也發現了兩處未

---

2   香港電台：〈孤島明燈：橫瀾〉，《山水傳奇》，2001 年，https://bit.ly/3etXYbM（瀏覽日期：2022 年 4 月 17 日）。

能及時更新的錯誤資訊。影片中提到，「橫瀾島舊燈器在移走前已服役一百年」，「香港戰前有七座燈塔」。團隊考證梳理了橫瀾島燈塔的整個修建歷程和發展脈絡，發現橫瀾島燈塔的燈器在二戰期間受損，進行了替代更新。由此可知，橫瀾島在安裝現在的 LED 燈器時，舊燈器只服役六十餘年。

　　此外，燈塔項目團隊在多年的文獻研究中發現，香港在戰前至少已有十座燈塔，包括 1875 年的鶴咀燈塔和舊青洲燈塔，1876 年的黑角頭燈塔、1893 年的橫瀾島燈塔、1905 年的新青洲燈塔、1904 年的汲水門燈塔、1909 年的尖沙咀燈塔、1912 年的燈籠洲燈塔、1902 年的鯉魚門燈標，以及 1921 年的東龍洲燈杆。這些戰前燈塔中，有的已經從地理位置上徹底消失，有的僅餘殘落的塔身，被遺漏忘卻。但是，留下來的文字記錄和舊時的照片都保留着它們曾經存在過的證據。

　　燈塔項目團隊研究燈塔，正是如此多方查證資料，嚴謹引用。前述第 2 章還提到一幅 1841 年尖沙咀懲膺炮台的素描圖，揭示簽署《南京條約》以前就有英兵在香港活動。炮台城門的門區上寫有四個漢字，不過難以清晰辨認出具體內容。香港的羅香林教授在介紹九龍城堡時，曾提到「固若金湯」一詞，燈塔項目團隊暫據此推測，這幅圖上的炮台就是羅教授所指的九龍城堡，城門上的四個字為「固若金湯」，具體説法還待定奪。但這一資料也再次證明，除了文字以外，圖片和影像也是人文歷史研究中的重要資料。燈塔項目團隊在燈塔研究過程中認識到，傳統的圖書館在向現代轉型時，除了通過文獻數字化引導學生探索古籍之外，也應收錄圖片影像等重要資料，全方位地激發學生閱讀歷史文獻的興趣。

四、香港的燈塔古蹟保育成果

　　燈塔項目團隊研究香港的燈塔和海事發展，近二十年來，政府也注意到燈塔的重要性，相繼將橫瀾島燈塔、燈籠洲燈塔、鶴咀燈塔和

新舊青洲燈塔列為法定古蹟。但是，燈塔古蹟建築群現在並不對外開放，公眾僅能遠距離地觀看這些歷史輔航建築屹立於山崖海角上的壯麗。《中國文物古蹟保護準則》[3] 中提到，有效的古蹟保育方法就是研究這些文物。燈塔項目團隊製作的燈塔模型和紀錄影片，將燈塔帶回到人們的身邊。

　　香港城市大學建築系的畢業生梁嘉豪，是燈塔項目團隊中燈塔模型的製作者。對於他來說，建築不僅關於新的當代設計，更重要的是可以從過去的建築奇蹟中獲得新的啟示。他利用最新的建築資訊模型軟件 Revit[4]，再現了多座燈塔建築群的原貌。3D 復原主要依靠兩個資料來源，一是查詢相關建築的古文獻原稿，將文獻資料輸入 Revit 軟件，得到燈塔的高度以及內部結構資料；二是實地考察測量現在的燈塔數據。在製作青洲燈塔模型時，梁嘉豪去了無數次青洲島，用負載地理資料系統（GIS 系統）[5] 的無人機去測量參數，再與軟件進行對比，保證還原的準確性。除此之外，燈塔項目團隊中的李曉龍老師，更是利用廢舊的木頭，製作出可以亮燈的木製燈塔模型。遙遠海域的燈塔，終於化作近在咫尺的精巧模型，供市民觀賞。

　　模型以外，照片、電影和電視等影像資料，也是人文歷史研究中的重要文獻資料。燈塔項目團隊中傳播與新媒體專業的學生，前往燈塔所在島嶼實地探測燈塔古蹟的現狀，拍攝了《燈塔記憶：澳門東望洋燈塔》、《燈塔記憶：鶴咀燈塔》、《燈塔記憶：青洲燈塔》、《燈塔記憶：香港：黑角頭燈塔 / 汲水門燈塔》、《燈塔記憶：橫瀾島燈塔》、

3　　國際古蹟遺址理事會中國國家委員會：《中國文物古蹟保護準則》（北京：文物，2015 年 10 月 1 日）。

4　　Revit 是一款 BIM 軟件，由 Autodesk 公司生產，可將所有建築、工程和施工領域引入統一的建模環境，從而推動更高效、更具成本效益的項目。

5　　地理信息系統（Geographic Information System, GIS）是一門綜合性的空間信息技術，它具備了儲存、管理、分析、顯示與應用地理信息的功能。

《燈塔記憶：燈籠洲燈塔》和《燈塔的光明》等紀錄影片。

如今公眾雖難以登島一睹香港幾座燈塔古蹟的真容，但利用現代技術的還原和書籍影片呈現，燈塔精湛的製作工藝依然可以跨越百年，栩栩如生地回到公眾面前。人們可以近看燈塔模型，觀賞影片，了解燈塔的往昔歷史，追憶那些漫長燈塔歲月中人與情的故事。[6]

五、感知世界的方式，不只視覺

為了讓更多人認識燈塔，燈塔項目團隊在校內舉辦燈塔主題展覽，展示燈塔模型，播放燈塔紀錄片，將實地拍攝的 360 環景攝影圖製成 VR 體驗項目，並聯合香港海事博物館慶祝國際博物館日，相繼舉辦了 2020 年《香港燈塔百年意象——觸憶築》、2021 年《夜航明燈：香港港口與燈塔》、2022 年《燈塔下的世外桃源》等主題展覽，傳播燈塔背後的人性之光。

燈塔主題展覽也讓視障人士得以「看見」燈塔。慧恩（Sarah）是一位視障學生，她在一次燈塔展覽上，偶然接觸到梁嘉豪製作的鶴咀燈塔 3D 打印還原實物。在此之前，燈塔於她而言，只是一個概念化的名詞，既無法具體觀察，也難以想像，直到接觸了 3D 打印後，她才第一次認識到「燈塔」的構造。燈塔 3D 模型就像一個新事物突然闖進了她的生命。她由燈塔底部開始慢慢觸摸，感知燈身的形狀、磚塊的紋路，隨着雙手漸漸上移，找到燈塔的樓梯、圓拱頂和風向儀，燈塔的高低胖瘦、結構外觀就在她腦海中逐漸成形。只見她緊閉雙眼，彷彿已然看見燈塔下波濤洶湧的大海，還有燈塔上眺望遠方的燈塔管理員。3D 燈塔模型的出現，使視障人士能夠在書本以外，對燈塔

6　　Ching, H. S. (2018), Turning a service learning experience into a model of student engagement: the Lighthouse Heritage Research Connections（燈塔項目）Project in Hong Kong, *The Journal of Academic Librarianship*, 44 (2), pp. 196-206.

有了更真實、具體的認識。

　　為了讓更多視障人士接觸到燈塔概念，受到啟發的慧恩決定親身前往鶴咀燈塔，感受拍面的海風，在工作人員的幫助下，全方位還原真實燈塔。於是，在後來的《香港燈塔百年意象──觸憶築》展覽上，就有可觸摸的三維模型、觸感圖、口述影像以及點字圖，將燈塔的概念帶到「看不見的世界」。視覺不是感知世界的唯一方式，視障人士同樣能參與和策劃博物館展覽，通過觸覺、聽覺、嗅覺、味覺去「觸摸」燈塔，透過心覺去感受燈塔管理員花維路和水上人的友誼故事，實現文化的多元與共融。

　　文化保育不僅關乎過去，更是關於傳承。燈塔項目憑藉跨學科、多媒介的研究和展示方式，策劃文化教育活動展覽與公眾導賞，並致力於確保視障讀者的參與貢獻，為其他博物館與圖書館塑造了共融教育的典範。燈塔項目團隊因此獲得了美國圖書館協會（簡稱「ALA」）頒發的 2021 年國際圖書館創新項目主席獎。燈塔項目團隊正如同圖書館的現代化轉變一樣，利用科技重現、守護逝去的歷史，讓燈塔的點點光亮變成閃耀光芒，永遠籠罩在這方土地上。這本彙聚團隊研究成果的燈塔書籍，與歷史對話，連接了香港的過去和現在，讓這座城市的現在和未來得以溝通。

請掃描二維碼，觀看 Sarah 接觸燈塔模型，實地觸摸燈塔的影片。7

7　　香港城市大學：紀錄片《燈塔的光明》，https://bit.ly/3ywWkwT（瀏覽日期：2023 年 5 月 5 日）。

左上：鶴咀燈塔 3D 模型

右上：鶴咀燈塔 3D 模型剖面

左下：新青洲燈塔 3D 模型正面

右下：燈籠洲燈塔木製模型

左上：橫瀾島燈塔 3D 模型剖面
左下：鶴咀燈塔木製模型
右　：橫瀾島燈塔木製模型

左上：燈塔項目團隊舉辦的燈塔模型展

左下：還原 1893 年橫瀾島燈塔的 3D 模型

右　：《燈塔記憶：橫瀾島燈塔》獲 2021 年第 14 屆深圳青年影響節最佳紀錄片獎

上　：2020 年《香港燈塔百年意象——觸憶築》展示現場

中　：2021 年《夜航明燈：香港港口與燈塔》現場合影

下　：2022 年《燈塔下的「市」外桃源》主題展覽海報

上　：慧恩製作的鶴咀燈塔觸感圖，摸讀圖上標有專為視障人士設計的凹凸符號，讓
　　　他們可從中了解鶴咀燈塔中燈頭、燈芯、燈室的構造

中　：燈塔項目《香港燈塔百年意象——觸憶築》展覽現場的燈塔觸感圖

下　：向視障群體講述香港燈塔歷史的《香港燈塔百年意象》中英文點字書

上　：金耀基院士書寫的《心件　六感　燈塔》書法
中　：金耀基院士書寫的《燈塔　漁村　花維路》書法
下　：360 環景燈塔 VR 體驗項目

後 記

　　香港在 1997 年、澳門在 1999 年回歸祖國後，燈塔古建築陸續被列為法定古蹟，受到保護。澳門東望洋燈塔為中國海岸第一座近代燈塔，在 2005 年與澳門歷史古城區一起獲聯合國教科文組織列入世界文化遺產名錄內，由燈塔古建築見證了這個獨特的文化影像，呈現着海港城市、華人與洋人聚居的生活特色，展現另一種中西文化融匯交流的特點。香港特別行政區政府陸續將五座戰前燈塔列為法定古蹟，體現近代中西文化交匯地，多元文化的互相碰撞、交流。但香港的燈塔古蹟並不對外開放，公眾無法接近，一般市民對這些珍貴文化遺產的認識相當有限，反而使得這些燈塔古蹟有神秘感，更具歷史文物價值。

　　香港和澳門留存的燈塔古蹟，見證着近代在衛星導航與無線通信技術應用於航海前，燈塔的燈號、旗語、霧炮與來往船舶遠距離的信息傳輸；也是中國沿海建築物中最早進行氣象觀測的地方，並將氣象資料傳給全世界，通過燈塔連成一片信息網絡，與世界各地共享燈塔資訊。香港和澳門有幸仍然保存着諸多記錄人類文明發展的燈塔資料，我們理當從這些文化瑰寶中學習，透過它們研究中國的人文歷史發展。

　　地方文獻是珍貴的文化遺產，也是中國人文社會科學的重要研究資料。第二次世界大戰，日本軍事侵華，中國沿海的燈塔建築飽受戰火轟擊，遭受不同程度的破壞，大量檔案因戰火而散落或失逸。隨着燈塔自動化在全球推進，香港和澳門的燈塔在 1980 年代已逐漸實現

了自動化，那些曾經駐守在燈塔的管理員陸續除役或轉換職務，1989
年香港送走了它的最後一任燈塔管理員。這些燈塔管理員默默地付出
人生歷程，幫助來往的舟人指引方向，幾十年過去，曾經在燈塔工作
生活過的燈塔管理員正逐漸消失。

　　燈塔記憶是香港、澳門海洋文明與社會經濟發展的一部分。感謝
香港城市大學媒體與傳播系何舟教授、建築學及土木工程學系薛求理
教授與我共同推動「燈塔古蹟保育研習實踐」項目。自 2015 年起，
每年招募學生志願者，利用課餘時間前往各地的燈塔古蹟現場進行研
究調查，訪求散落在海外的珍貴原始建築圖則、老照片、政府檔案，
結合數字建築軟件，復原燈塔古蹟建築的原貌，找尋燈塔管理員的家
庭成員與老船長，以口述歷史挖掘燈塔下的故事，製作人文歷史紀錄
片。慶幸作品屢獲全國性青年紀錄片大獎，同時美國圖書館協會在
2021 年 7/8 月刊特別報道介紹這個項目，讚揚本項目發展出一種圖書
館以數字人文學推動文化教育與社會服務相結合的創新學習模式。

　　迄今為止，參加本項目的學生志願者先後有：潘雪柯、陳翠芬、
龔凡軒、徐雪爾、曾雨潔、尹竟梓、熊思雨、段英楠、吳澤恆、石
鋆、賴大立、陳晨、朱詩然、雷雨、李冰、唐羽、劉鑒嶠、姚懿玲、
張一木、黃晨、韓捷飛、黃羽荷、陳靖雯、鄭蒨渝、李景玄、王琢
越、鄭鏡沙、唐詩云、許穎婕、慧恩（Sarah Stevenson）、郭雲亭、郭
靜儀、蔣瑞華、章瀟之、宋銳、蔡樂詩、何浚希、王瑋樂、梁嘉豪、

陳溢朗、蕭寒月、鄧詠詩、周裕簾等四十餘位。他們參與了以港、澳燈塔為主題的紀錄片發表，包括 2016 年《燈塔記憶 —— 香港》、2017 年《燈塔記憶—— 澳門東望洋燈塔》、2018 年《燈塔記憶——香港：黑角頭燈塔 / 汲水門燈塔》、2019 年《燈塔記憶——青洲燈塔》、2020 年《燈塔記憶——鶴咀燈塔》、《燈塔的光明》、2021 年《燈塔記憶——橫瀾島燈塔》、2022 年《燈塔記憶——燈籠洲燈塔》。本書中所有未有特別注明出處的照片，亦由燈塔項目團隊所拍。這些學生的熱忱和積極性並未因畢業而消退，他們仍然在工作以外，繼續為燈塔古蹟的保育和研究作出貢獻。

　　飲水思源，回望七年拍攝紀錄片的歲月，項目團隊有幸得到著名學者黃天先生的一路襄助，與師生一起分享他的研究成果，並在城大校園內開設多場講座，引導我們從古文獻看燈塔之光，協助同學對相關古籍文獻的解題注釋。此外，黃天教授引薦中國國情研習促進會創會會長張伍翠瑤與歷屆會長、副會長們支持贊助同學的研究創作和成果發表、出版，將史料延伸，引領公眾深入認識燈塔功能和燈塔管理員這個特殊職業，又設立「燈塔古蹟保育貢獻獎」，鼓舞學生參與保護和傳承文化古蹟。華德斯（Dan Waters）、戴偉思（Stephen Davies）、夏其龍、李長森、邢榮發、Nuno Rocha 等專家在港、澳燈塔研究中為同學們指點迷津；童恩通、郭樹偉、周根帶、梁炳坤船長多年來為同學們講解燈塔的特性與分享他們難忘的印象；澳門海事及

水務局航標中心職務主管關春泉、香港海事處助理輔航設備監督梁耀光、鄭國基先生，都熱情地親赴燈塔古蹟現場説明燈塔的運作與燈器的演變；橫瀾島燈塔設計者韓德善（David Marr Henderson）的後人，Felicity Somers Eve，提供 1887 年與 1894 年橫瀾島燈塔原始設計建築圖則；戴鋭律師（Roy Delbyck）提供多年珍藏的圖像文物以助還原 20 世紀初香港燈塔的樣貌；黎國強、黎永洪分享他們 1960 年代在燈塔工作生活的故事；梁慧中、花雅各、花嘉蓮、花嘉詩、花懿露、梁嘉賢、黃根仔、黎添、黎國強、郭少芳、陳英麟、黎永勝、羅明、黎錦雄、羅金華、劉國和、鄭志輝、鄭牛根、方蘇帶、石帶福、周根帶、郭樹偉分享他們對燈塔管理員的追憶，授權將很多有趣的故事和珍貴的舊照片刊在書中出版，對本書的編寫給予了大力支持。謹對他們誠摯的襄助，深表謝意。

以心傳燈，同道相依。特別感謝香港海事博物館與項目團隊一起合作發展海事文化教育活動，以「國際博物館節」為契機，歷年聯合舉辦以燈塔為主題的展覽和座談會，向社會大眾傳播燈塔知識。承蒙金耀基院士、鄭培凱教授、鄧永雄教授、單周堯教授、彭鏡禧教授、陳夢標教授、揭春雨教授多次為展覽題字、作詩鼓勵，城大翻譯及語言學系的鄔秀教授，連續三年帶領學生口譯團隊在座談會上作普通話、粵語和英語三語同聲傳譯，讓知識傳播得更准、更佳。曾任教該系的楊宏通老師，帶領學生翻譯校對燈塔相關的英文文

獻，從多語言的角度挖掘燈塔人文歷史資料。此外，香港盲人輔導學會與心光盲人院暨學校裏的一群視障人士，也可以在團隊舉辦的燈塔展覽上觸摸 3D 燈塔模型，透過燈塔了解香港的歷史。2020 年，香港盲人輔導會的 The Cheers 樂隊，跟着燈塔團隊一起前往香港的鶴咀燈塔古蹟現場，觸摸感受這些高大導航建築的構造，在燈塔下熱情奏樂，唱出屬於他們的《星夜》。團隊編寫此書，也是希望未來能有更多人關注愛護香港的歷史，將燈塔的光芒照向大眾，再越洋傳播到世界各地。特別感謝李小龍老師，為視障朋友製作了多座可觸摸的燈塔模型，讓視障朋友可以透過觸覺，和我們一起欣賞燈塔古蹟。

　　燈塔項目走到今天，承蒙以上學生和社會各界有識之士的鼎力相助，各種力量匯聚到一起，凝聚成一股傳承保育研習燈塔古蹟的心力。在七年的燈塔研究歷程中，燈塔團隊見證了太多感人的故事，花維路熱心奉獻的精神，其實也是團隊一直以來追逐學習的目標，幫助促進社會共融。黃天先生以絕句詩頌漁民之父花維路，表揚他關心、幫助香港漁民的大愛精神：

　　　　枯守明燈護海船，浮家蛋宅掛心田；
　　　　扶貧助弱開漁會，銘感花佘世代傳。

　　花維路是英國人，當時華人看到英國長官都叫阿 sir，而沒有學過

英語的人將阿 sir 音譯廣東話為「阿蛇」，但「蛇」字不雅，所以黃天先生改同音字為「佘」。詩的首二句說花維路出任燈塔的管理員，更一直關心蛋（蜑）民的苦困，繼說他幫助漁民解困，並引導他們成立漁會，最終表示對花維路的感恩銘記世世代代相傳。來日正長，燈塔團隊也會在這般共融精神的指引下，在未來繼續探尋中國沿海的燈塔，希望將更多散落在海外的珍貴文獻資料，找回並保存到古籍所在地的高校圖書館，幫助燈塔申請成為世界文化遺產，保護傳承文明瑰寶。

　　最後，燈塔團隊感謝中國國情研習促進會（香港）和大學教育資助委員會研究資助配對計劃（# 9229048 [DON-RMG]: Lighthouse Heritage Research Connection Project [LHRC]），並對所有給予本書關注、鼓勵和支援的單位和個人，一併表示衷心的感謝。

景祥祜

2022 年 12 月 22 日

請掃描二維碼，欣賞美聲和燈塔的結合：《星夜》MV。[1]
（香港盲人輔導會 The Cheers 樂團與燈塔團隊合作的創作）

1　　香港城市大學：《星夜》，https://bit.ly/3et0gYI（瀏覽日期：2023 年 5 月 5 日）。

參考文獻

中文期刊雜誌

伍穗生：〈松山燈塔〉，《珠江水運》，第十二期（1997 年）。

姜永興：〈懷聖寺、光塔是分建於唐、宋兩代的建築物〉，《羊城古今》，第三期（1988 年），12 頁。

香港海事通訊編輯委員會著：《香港海事通訊》第八十期（2021 年 6 月）。

袁廣勝：〈他們告別了「水上生涯」〉，《羊城今古》第二期（1994 年），16 頁。

馬志斌：〈關於「廣州回族的形成」諸問題的商榷〉，《羊城古今》總三十五期（1992 年 10 月）。

張帝莊、孫樹坤：〈400 年東望洋燈塔見證浪漫婚禮〉，《明日風尚（盛事）》第二期（2007 年）。

張洋培著：〈旋光迴轉照暗岬〉，《故宮文物月刊》第一卷第十二期（1984 年）。

理雅格主編：《遐邇貫珍》第四卷，第五號（1956 年 5 月）。

陳澤泓：〈廣州古塔述略〉，《羊城古今》第五期（1990 年）。

黃天：〈十六世紀澳門和石見銀山的歷史情緣〉，《澳門歷史研究》第十一期（2012 年），21 至 27 頁。

戴璐：〈澳門東望洋山聖母雪地殿壁畫年代考〉，《美術學報》第三期（2013 年）。

中文專書

中國航海學會編：《中國航海史：古代航海史》（北京：人民交通出版社，1988）。

仇巨川纂，陳憲猷校注：《羊城古鈔》（廣州：廣東人民出版社，1993）。

王清華、徐冶：《西南絲綢之路考察記》（昆明：雲南大學出版社，1996）。

王韜：《漫遊隨錄‧扶桑遊記》（長沙：湖南人民，1982）。

（清）印光任、張汝霖：《澳門記略》（台北：成文，1968）

（清）印光任、張汝霖原著，趙春晨校注：《澳門記略校注》（澳門：澳門文化司署，1992）。

（明）朱之藩編，陸壽柏繪：《金陵四十景圖像詩詠》（南京：南京，2012）。

（宋）朱彧：《萍洲可談》（上海：商務印書館，1959）。

亨特著，沈正邦譯，章文欽校：《舊中國雜記》（廣州：廣東人民，1992）。

（清）阮元：《南海百詠》（南京：江蘇古籍，1988）。

（宋）周去非著，楊武泉校注：《嶺外代答校注》（北京：中華書局，1999）。

周佳榮：《香港紀要：近代文獻著作選》（香港：三聯書店，2020）。

（清）屈大均：《廣東新語》（北京：中華書局，1985）。

林天蔚：《宋代香藥貿易史》（台北：中國文化大學出版部，1986）。

邱新民：《東南亞文化交通史》（新加坡：新加坡亞洲研究學會、文學書屋，1984）。

南懷仁：《坤輿圖說》第二卷（上海：上海古籍，1987）。

威廉‧C‧亨特著，馮樹鐵譯，駱幼玲、章文欽校：《廣州「番鬼」錄（1825-1844）》（廣州：廣東人民出版社，1993）。

（清）范瑞昂：《粵中見聞》（香港：廣東高等教育，1988）。

倪錫英：《都市地理小叢書 —— 廣州》（南京：南京，2011）。

埃里克・霍布斯鮑姆著，梅俊傑譯：《工業與帝國：英國的現代化歷程》（北京：中央編譯
　　出版社，2016）。

徐續：《嶺南古今錄》（香港：上海書局，1984）。

海軍海洋測繪研究所、大連海運學院航海史研究室：《新編鄭和航海圖集》（北京：人民交
　　通出版社，1988）。

（漢）班固：《漢書》（北京：中華書局，1997 年縮印本）。

班思德著，李廷元譯：《中國沿海鐙塔誌》（上海：總税務司公署統計科，1933）。

國際古蹟遺址理事會中國國家委員會：《中國文物古蹟保護準則》（北京：文物，2015）。

張渠：《粵東聞見錄》（廣州：廣東高等教育，1990）。

章巽主編：《中國航海科技史》（北京：海洋，1991）。

（元）脱脱等：《宋史》卷三百四十七（北京：中華書局，1997）。

許衍董總編纂：《廣東文徵續編》，第四冊（香港：廣東文徵編印委員會，1988）。

通商海關造冊處譯印：《光緒二十年通商各關警船鐙浮椿總冊》（上海：通商海關造冊處，
　　1894）。

郭曄旻：《絲路小史 —— 海絲卷》（香港：中華書局，2021）。

陳乃剛：《嶺南文化》（上海：同濟大學，1990）。

陳柏堅主編：《廣州外貿兩千年》（廣州：廣州文化，1989）。

陳迹：《香港滄桑錄 —— 陳迹四十年集影》（香港：三聯書店，1985）。

陳龍貴、周維強編：《順風相送》（台北：故宮博物院，2013）。

景祥祐、楊宏通、李小燕：《夜航明燈：香港港口與燈塔》（香港：香港海事博物館，
　　2021）。

黃天：《〈遐邇貫珍〉香港史料類鈔》（香港：中華書局，2020）。

黃佛頤編纂，仇江、鄭力民、遲以武點注：《廣州城坊志》（廣州：廣東人民，1994）。

楊松、鄧力群原編，榮孟源重編：《中國近代史資料選輯》（香港：三聯書店，1979）。

葉春生主編：《嶺南民俗事典》（廣州：廣州南方日報，2001）。

劉維鈞：《西域史話》（烏魯木齊：新疆青少年，1982）。

（宋）歐陽修、宋祁撰：《新唐書》（北京：中華書局，1997 年縮印本）。

鄧端本、歐安年、江勵夫、麥國良：《嶺南掌故》（廣州：廣東旅遊，1997）。

（明）鄭若曾、李志忠點校：《籌海圖編》（北京：中華書局，2007）。

盧嘉錫總主編，丘光明等著：《中國科學技術史 —— 度量衡卷》（北京：科學，2003）。

穆根來、汶江、黃倬漢合譯：《中國印度見聞錄》（*Relation de ld Chine et de l'Inde, redigée en
　　851, texte établi, traduit et commenté par J. Sanvaget, Paris, 1948*）（北京：中華書局，1983）。

薛鳳旋：《香港發展地圖集》（香港：三聯書店，2001）。

簡又文等編：《廣東文物》（上海：上海書店，1990）。

羅香林等著：《一八四二年以前之香港及其對外交通：香港前代史》（香港：中國學社，1959）。

譚棣華、曹騰騑、冼劍民編：《廣東碑刻集》（廣州：廣東高等教育，2001）。

顧潤清等：《廣東海上絲綢之路》（廣東：廣東人民出版社，2008）。

中文文章

〈本港水上人估計逾 11 萬〉，《華僑日報》，1954 年 12 月 12 日。

〈多項活動慶祝東望洋燈塔一百五十周年〉，澳門特別行政區政府文化局官網，2015 年 6 月 30 日，https://bit.ly/3QDnE3K，瀏覽日期：4 月 16 日。

〈服務港府三十六年 鑛物處花維露榮休〉，《華僑日報》，1971 年 1 月 20 日。

〈東望洋炮台、聖母雪地殿教堂及燈塔〉，澳門特別行政區政府文化局官網，https://bit.ly/3xKUHKy，瀏覽日期：2022 年 4 月 7 日。

〈長崎龍舟國際賽〉，《華僑日報》，1978 年 8 月 10 日。

〈青洲燈塔煤燈昨午發生爆炸慘案〉，《天光報》，1936 年 7 月 17 日。

〈急水門建燈塔以便來往船隻〉，《香港華字日報》，1910 年 4 月 13 日。

〈船長們如不反對 橫瀾燈塔將拆除〉，《大公報》，1966 年 9 月 13 日。

黃天：〈日本遣唐使船再起錨〉，《信報月刊》，2010 年 7 月號，82 頁。

黃天：〈澳門有史以來最慘烈颱風〉，《華僑報》，1976 年 5 月 23 日。

葆青：〈澳門的五千萬兩日本白銀 —— 記半世紀葡日貿易史遺珠〉，《澳門日報》，2007 年 8 月 19 日。

〈端午龍舟競渡熱鬧〉，《大公報》，1976 年 6 月 3 日。〈橫瀾島燈塔的印象（黎添）〉，《橫瀾島燈塔管理員花維路與水上人的故事》，2021 年，https://bit.ly/3RThig9，瀏覽日期：2022 年 5 月 9 日。

〈橫瀾島燈塔管理員照顧來往船隻安全〉，《華僑日報》，1977 年 9 月 5 日。

〈橫瀾燈塔失去作用 當局計劃予以拆除〉，《華僑日報》，1966 年 9 月 13 日。

中文影像作品

英國廣播公司：〈貝爾燈塔〉，《工業世界的七大奇蹟》（倫敦：英國廣播公司，2003）。

香港城市大學：〈橫瀾島燈塔的印象（黎添）〉，《橫瀾島燈塔管理員花維路與水上人的故事》（香港：香港城市大學，2021）。

香港城市大學：《星夜》（香港：香港城市大學，2020）。

香港城市大學：《燈塔的光明》（香港：香港城市大學，2020）。

香港城市大學：《燈塔記憶：青洲燈塔》（香港：香港城市大學，2019）。

香港城市大學：《燈塔記憶：香港》（香港：香港城市大學，2016）。

香港城市大學：《燈塔記憶：黑角頭燈塔 / 汲水門燈塔》（香港：香港城市大學，2017）。

香港城市大學：《燈塔記憶：橫瀾島燈塔》（香港：香港城市大學，2021）。

香港城市大學：《燈塔記憶：澳門東望洋燈塔》（香港：香港城市大學，2017）。

香港城市大學：《燈塔記憶：燈籠洲燈塔》（香港：香港城市大學，2022）。

香港城市大學：《燈塔記憶：鶴咀燈塔》（香港：香港城市大學，2019）。

香港電台：〈孤島明燈——橫瀾〉，《山水傳奇》（香港：香港電台，2001）。

政府文件

Director of Marine, Annual Departmental Reports 1963-64: 31. https://bit.ly/3y5al4W.

Fred Evans, "Notice to Mariners", The Hongkong Government Gazette, October, 1875.

Hong Kong Administrative Report (1912).

Report of the Harbour Master for the Year 1887.

Report of the Harbour Master for the Year 1912.

日文專書

小松茂美編：《東征伝繪卷》（東京：中央公論社，1988）。

日本近現代史辭典編集委員會編：《日本近現代史辭典》（東京：東洋經濟新報社，1978）。

日本燈臺局編纂：《日本燈臺表》（東京：燈光會，1936）。

水路部編：《東洋燈檯表》（昭和 11 年 11 月 7 日調上）（東京：水路部，1936）。

西脇久夫編：《燈台風土記》（東京：海文堂，1980）。

英文專書

Hall B. Foster, Robert A. Bickers, *The Chinese Maritime Customs: An international service, 1854-1950*, UK: University of Bristol, 2015.

List of lighthouses, light-vessels, buoys, beacons, etc. on the coast and rivers of China, 1947, Shanghai: Statistical Department of the Inspectorate General of China, 1949.

Steve Ching, Ivan Yeung, Cora Lee, *Seeing in the dark: Hong Kong Harbour and Lighthouses*, Hong Kong: Hong Kong Maritime Museum, 2021.

Orange James, *The Chater Collection: Pictures Relating to China, Hongkong, Macao, 1655-1860; with Historical and Descriptive Letterpress*, London: T. Butterworth, 1924.

英文文章

Bickers Robert, "Infrastructural globalization: lighting the China coast, 1860s – 1930s", *The Historical Journal*, 2013, 56(2): 431-458.

Caitlin Wong, "Goodbye to a Waglan Island tradition", *South China Morning Post*, 23 August 1989.

Ching Steve H, "Turning a service learning experience into a model of student engagement: the Lighthouse Heritage Research Connections (LHRC) Project in Hong Kong", *The Journal of Academic Librarianship*, 2018, 44(2): 196-206.

Coase Ronald H, "The lighthouse in economics", *The journal of law and economics*, 1974, 17(2): 357-376.

Ha Louis, Waters Dan, "Hong Kong's Lighthouses and the Men Who Manned them", *Journal of the Hong Kong Branch of the Royal Asiatic Society*, 2001, 41: 281-320.

Hilary Alexander, "Recollections of a Lighthouse Keeper", *The Standard*.

"Historic Centre of Macao", World Heritage Convention, UNESCO. Retrieved April 21, 2022, from https://whc.unesco.org/en/list/1110/

Kevin Sinclair, "Jar-lai is their darling: Gwei-lo who has devoted his life to Hongkong's fisherfolk", *South China Morning Post*, 17 Jan 1982.

Legislative Council of Hong Kong, "VOTES AND PROCEEDINGS OF THE LEGISLATIVE COUNCIL OFHONGKONG", March 1874.

燈塔
絲路紀行

港澳篇

黃 天　景祥祜　楊宏通

主 編

責任編輯　白靜薇　　**裝幀設計**　簡雋盈　　**排版**　陳先英　　**印務**　林佳年

出版

中華書局（香港）有限公司

香港北角英皇道 499 號北角工業大廈 1 樓 B

電話：（852）2137 2338

傳真：（852）2713 8202

電子郵件：info@chunghwabook.com.hk

網址：http://www.chunghwabook.com.hk

發行

香港聯合書刊物流有限公司

香港新界荃灣德士古道 220 - 248 號

荃灣工業中心 16 樓

電話：（852）2150 2100

傳真：（852）2407 3062

電子郵件：info@suplogistics.com.hk

印刷

美雅印刷製本有限公司

香港觀塘榮業街 6 號海濱工業大廈 4 樓 A 室

版次

2023 年 6 月初版

©2023 中華書局（香港）有限公司

規格

16 開（230mm x 155mm）

ISBN

978-988-8807-87-1